U0871046

通识简说·国学系列

超越时代的文人故事

简说现代作家

顾问／温儒敏　主编／郑以然

张雨晴／著

SPM 南方出版传媒

全国优秀出版社　全国百佳图书出版单位　广东教育出版社

·广州·

图书在版编目（CIP）数据

超越时代的文人故事：简说现代作家 / 张雨晴著；郑以然主编. —广州：广东教育出版社，2019.3
（通识简说. 国学系列）
ISBN 978-7-5548-1703-2

Ⅰ. ①超… Ⅱ. ①张…②郑… Ⅲ. ①作家—生平事迹—中国—现代—青少年读物 Ⅳ. ①K825.6-49

中国版本图书馆CIP数据核字（2017）第080156号

策　　划：温沁园
责任编辑：王　亮　梁　岚
责任技编：涂晓东
版式设计：陈宇丹
封面设计：学建伟　陈宇丹　邓君豪
插　　图：葛　南

超越时代的文人故事 简说现代作家
CHAOYUE SHIDAI DE WENREN GUSHI
JIANSHUO XIANDAI ZUOJIA

广东教育出版社出版发行
（广州市环市东路472号12-15楼）
邮政编码：510075
网址：http://www.gjs.cn
佛山市浩文彩色印刷有限公司印刷
（佛山市南海区狮山科技工业园A区）
890毫米×1240毫米　32开本　6.25印张　125 000字
2018年6月第1版　2019年3月第2次印刷
ISBN 978-7-5548-1703-2
定价：28.00元
质量监督电话：020-87613102　邮箱：gjs-quality@gdpg.com.cn
购书咨询电话：020-87615809

总 序

互联网的出现，尤其是智能手机的使用，让现代人获取知识的方式有了翻天覆地的改变。在我当学生的时候，是真的每天在“读”书，通过大量的阅读，获取第一手的资料，不断思考探究，构建自己的知识体系。而今天呢？一个孩子获取知识，首先想到的是动动手指，问问网络。

学习的方式便捷了，确有好处，但削弱了探寻、发现和积累的过程，学得快，忘得也快。有研究表明，过于依赖互联网会造成人的思维碎片化，大脑结构也会发生微妙的变化，表现为注意力不集中、记忆力减退等。看来我们除了通过网络来学习知识，还得适当阅读纸质书，用最传统的、最“笨”的方法来学习。这也是我一直主张多读书，特别是纸质书的缘故。我们读书必然伴随思考，进而获取知识，这个过程就是在“养性和练脑”，这种经过耕耘收获成果的享受，不是立竿见影的网上获取所能取代的。另外，我也主张别那么功利地读书，而是要读一些自己真正喜欢的书，也就是闲书、杂书，让我们的视野开阔，思维活跃。读书多了，脑子活了，眼界开了，更有助于考试取得好成绩。

有的小读者可能会说，我喜欢读书，但是学校作业很多啊，爸爸妈妈还给我报了很多课外班，我没有那么多时间读“闲书”呀！这个时候，找个“向导”，帮你对阅读书目做一些精选就非常必要了。比如你喜欢天文学，又不知道如何入门，应当先找些什么书来看？又比如你头脑中产生了一个问题——为什么唐代的诗人比别的朝代要多很多呢？这时候你需要先了解唐诗的概况，才能进一步探究下去。在日常的生活和学习过程中，诸如此类的小课题很多，如果有一种书，简单一点、好懂一点，能作为我们在知识海洋里遨游的向导，那就太好了。广东教育出版社出版的“通识简说”，就是一位好“向导”。

这套“通识简说”，特点就是简明扼要、生动有趣，一本薄薄的书就能打开一个学科殿堂的大门。这是一套介绍“通识”的书，也是可以顺藤摸瓜、引发不同领域探究兴趣的书。这套丛书覆盖文学、历史、社会和自然科学的方方面面，第一期先出十种，分为国学和科学两个系列。《回到远古和神仙们聊天——简说神话传说》《古人的作文有多精彩——简说古文名篇》《简说动物学——动物明星的生存奥秘》《简说天文学——“外星人”为何保持沉默》……看到这些书名你就想读了吧？选择其中一本书，说不定就能引起你对这门学科的兴趣，起码也会帮你多接触某一领域的知识，很值得尝试哟。每本书有十多万字，读得快的话，几天就能读完，读起来一点都不累。图书配的漫画插图风趣幽默，又贴合主题，也很有味道。

希望“通识简说”接下来能再出10本、20本、50本，让更多的孩子都来读这套简明、新颖又有趣的书。

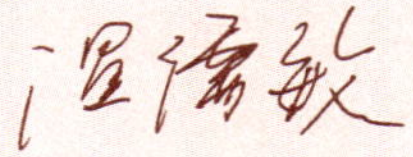

（作者系北京大学中文系教授，部编版语文教材总主编）

开篇的话

让我们打开这本书，一起在现代文坛里遨游吧。

在这里，你将看到用文学给人治疗心理疾病的鲁迅，看到苦闷的文艺男青年郁达夫，看到花一样的风雅文士梁实秋，看到嬉笑怒骂皆成文章的钱锺书……当然，现代文坛不仅仅是才子的天下，一个个才女作家也出现在我们眼前：凌叔华走出闺阁成为那个时代的新女性，冰心用爱来描绘世间万事万物，林徽因的人生精彩得仿佛一个传说……

为什么现代文坛会如此丰富多彩呢？在文学史中，现代文学是指从1917年新文学运动到1942年延安文艺讲话期间的文学。这一时期是新文化与旧文化激烈碰撞的时期，中国传统文化面临着继承和改造的问题，西方新文化陆续传播进来，对知识分子的思想造成了强烈的冲击。1917年，陈独秀主编的《新青年》杂志编辑部迁往北京，和北京大学一起成为新文化运动的主要阵地，提倡民主和科学。同年，胡适在《新青年》发表《文学改良刍议》，对新文学的发展提出八项主张。1918年，鲁迅在《新青年》发表了中国现代文学史上的第一篇白话小说《狂人日记》，思想犀利，艺术水平高超，为新文学的发展奠定了基础。一颗颗现代文学的启明星缓缓升起，放射出璀璨明亮的光芒。

在这个时期，各种体裁的文学都取得了令人瞩目的成就：在小说方面，鲁迅笔下的故事寓意深刻，张恨水讲述缠绵悱恻的儿女情长，老舍将老北京的悲欢离合缓缓道来，张爱玲弹奏着红尘男女的追逐纠缠；在诗歌方面，徐志摩的《再别康桥》轻盈深情，冰心创造了温婉精致的“小诗体”，冯至用一行行诗句探索生命的真谛；在散文方面，周作人用文字细细咀嚼着人生的酸甜苦辣，朱自清为我们留下了令人难忘的背影，沈从文描绘了美丽的湘西世界；在戏剧方面，曹禺被誉为“东方的莎士比亚”，《雷雨》《日出》《原野》三部剧成为经典，至今仍然在世界各地不断上演……

这些作家不仅写出精彩的作品，他们的人生也精彩纷呈，有许多动人的故事。鲁迅是怎样一步步成为作家的呢？写了那么多言情小说的张恨水，自己有着怎样的爱情经历？有人评论说“丰子恺画画不要脸”是什么意思？苏青的小说《结婚十年》和她自己的婚姻生活有什么关系吗？对爱情看得透彻的张爱玲，在怎样的情境下写出“原来你也在这里”这样动人的语句？

让我们翻开一页页的纸张，穿越时光隧道，共同认识这些现代文坛的璀璨巨星。

目录

第一章

鲁迅：文学也能给人治病

在我的后园，可以看见墙外有两株树，一株是枣树，还有一株也是枣树。

这是鲁迅散文诗《秋夜》中的第一句。第一次读到这句话，是不是会感觉有些奇怪，甚至觉得这是个病句？然而并不是！“一株是枣树，还有一株也是枣树。”我们仔细品味这个句子，跟随着作者的笔触，目光从一株树移到另一株树，发现两株树虽然同是枣树，却有着微妙的不同。这样的写法更有方位感和画面感，可见作者观察得细致入微。

提起现代作家，第一个要讲的自然是鲁迅——他的人格风骨影响着当时的文坛，直至今日仍散发着光芒。他在文学创作、文学批评、思想研究、文学史研究、翻译、美学等多个领域都做出了重大贡献，在文学史上具有极其重要的地位和影响，后辈几代人在鲁迅作品里寻找到精神的皈依。

鲁迅，原名周树人，1881年9月25日在浙江省绍兴市出生。周家原本是绍兴的一个大家族，鲁迅的祖父周福清是清朝的官员，因为鲁迅的父亲周伯宜在科举考试时作弊，周家从小康转入困顿，加之周伯宜卧病不起，鲁迅少年时期常奔走于药铺和当铺之间，当掉家中值钱的东西，去给父亲买药。有一次，鲁迅因为早上给父亲买药，到学堂时老师已经开始上课，老师看到鲁迅迟到，以为他因睡懒觉而迟到，很生气地教训了鲁迅。鲁迅没有解释原因，只是默默地回到自己的座位上，在桌子上刻了一个“早”字，提醒自己以后要早早起床，早早到学堂，不能再迟到。

鲁迅在散文集《朝花夕拾》中记叙了许多童年的经历。朝花夕拾，从字面意思来看，指傍晚去拾拣早晨落下的花瓣，正如人在年长之后幽幽回忆往事。其中很有名的一篇是《从百草园到三味书屋》，百草园是鲁迅家后面的园子，那里不仅有两株枣树，还有许多可爱的小动物和小植物，更有美女蛇的传说，给园子增加了几分神秘莫测的气息。夏夜乘凉，冬日堆雪，百草园是鲁迅童年时自由玩耍的场地。而长大之后，鲁迅不能再常到生机盎然的百草园玩耍，他十一岁时被送进名为“三味书屋”的学堂，学堂里有个学识渊博的老师叫寿镜吾，经常拿着戒尺，对学生要求严格，鲁迅在这里接受了最初的传统教育。

1896年，鲁迅父亲去世，周家家族开会分财产，对鲁迅母子颇为苛刻，鲁迅拒绝签字，被叔辈们斥责，使他更加感受到世态炎凉。1898年，鲁迅到南京求学，1899年转入江南陆师学堂附设矿务铁路学堂，其间接触了赫胥黎的《天演论》，其中进化论“物竞天择，适者生存”的观点对鲁迅的思想有一定影响。1902年，鲁迅从矿务铁路学堂毕业，公费赴日本留学，课余时间喜欢读哲学和文学、艺术方面的书籍，尤其关心人性和国民性问题。当时的中国正值水深火热之际，战火纷飞、硝烟弥漫，领土面临着被各国瓜分的危险，救亡图存成为每个热爱祖国的中国人的使命。

鲁迅学医，原本想救死扶伤，通过提高国民的身体素质来使祖国强大起来。1906年1月的一个课间，鲁迅就读的学校播放日俄战争影片，片中一个中国人被手持钢刀的日本人砍头示众，鲁迅意外地发现周围一起看教育片的中国同学竟然无动于衷。同胞的麻木让鲁迅痛心疾首，他开始认识到精神麻木才是导致国家衰落的根源："医学并非一件紧要事，凡是愚弱的国民，即使体格如何健全，如何茁壮，也只能做毫无意义的示众的材料和看客"，"所以我们的第一要著，是在改变他们的精神，而善于改变他们精神的是，我那时以为当然要推文艺，于是想提倡文艺运动了"。鲁迅毅然决定用笔来医治中国人的精神问题，正如他在《我怎么做起小说来》中所写的那样："想利用它（小说）的力量，来改良社会。"

1906年7月，鲁迅母亲以生病为由，骗鲁迅回到绍兴，在母亲的主持下，鲁迅被迫与朱安结婚。婚礼按照旧式传统礼仪完成，已经剪发的鲁迅戴着一条假辫子。妻子朱安祖上曾做过知县一类的官职，从小在这样的家庭环境中长大的朱安性情温和，顺从懂事，鲁迅的母亲很喜欢她。但接受新式教育的鲁迅始终无法接受这桩婚姻，他曾多次对友人说：“她是我母亲的太太，不是我的太太。这是母亲送给我的一件礼物，我只负有一种赡养的义务，爱情是我所不知道的。”朱安照顾鲁迅母亲多年，鲁迅和朱安始终只维持着形式上的婚姻关系。

决定弃医从文后，鲁迅在东京开始了他的文学活动，陆续发表了《文化偏至论》《摩罗诗力说》等重要文章，对旧思想和旧传统加以深刻批判，并和弟弟周作人一起翻译了许多外国作品，合编为《域外小说集》，其中有许多寓言小故事。鲁迅希望通过翻译这些作品，引入西方先进思想，改变国民愚昧的状况。

1918年1月，在中国文学史上具有重要影响的杂志《新青年》改组，鲁迅担任编委，5月发表了他的小说《狂人日记》，这是中国现代文学史上第一部短篇白话现代小说，自问世起就引起了巨大的反响，标志着“五四”新文学创作的开端。主人公“狂人”患有被迫害妄想症，莫名其妙地便会对周围的环境感到恐惧，“然而须十分小心。不然，那赵家的狗，何以看我两眼呢？我怕得有理”。这是现代人最初的觉醒意识，察觉到了封建家族乃至封建社会“吃人”的现象，并不断将“吃人”在历史和现实中上升到更深的层次，“我横竖睡不着，仔细看了半夜，才从字缝里看出字来，满本都写着两个字‘吃人’！”鲁迅借“狂人”之口，表达出希望有不再“吃人”的更高级的“真人”出现，改变旧世界，创造新世界，与封建礼教抗争，实现人的自由平等。

接着鲁迅连续发表了多篇短篇小说，1923年8月结集出版《呐喊》一书，“呐喊”出他心中对民族存亡的忧患意识和对社会变革的强烈希望。《呐喊》中的《故乡》《社戏》《孔乙己》《阿Q正传》都是脍炙人口的名篇。在这里我们先讲一讲《阿Q正传》的故事。阿Q已经成为中国家喻户晓的人物，不同时代、不同的人对阿Q的理解和评价也各自不同。那么阿Q到底是怎样的一个人呢？阿Q是一个被剥夺得一无所有的贫苦农民，深受封建观念侵蚀和毒害，不敢正视现实，常以健忘来让自己获得解脱。阿Q给人印象最深的是他的“精神胜利法”，通过对过去的自吹自擂来摆脱现实的烦恼，用白日梦式的未来宽解眼前的窘迫，以此来淡化受到的欺侮和屈辱，因此精神上永远获得胜利，总能得意而满足。鲁迅在阿Q身上集中描绘了当时中国的国民性，“写出一个现代的我们国人的灵魂来”，阿Q的问题具有广泛性和普遍性，是当时国民的思想痼疾的概括，鲁迅希望借此呼吁人们进行改造国民性的工作。

在此期间，鲁迅在北京女子师范学校兼课，他的品德和学识深受学生敬仰。1925年3月，作为鲁迅的学生，许广平第一次给鲁迅写了一封信，此后两人之间多次通信，共同的理想和信念渐渐升华为爱情，鲁迅终于找到了自己的人生伴侣。此后许广平无微不至地照顾着鲁迅后半生的生活，与鲁迅携手并进，精心保存鲁迅的文稿，并育有一子周海婴。鲁迅和许广平之间的通信后来结集为《两地书》，其中蕴藏的温情令人感动。

鲁迅的所有作品中，数量最多的是杂文。民主与科学是鲁迅前期杂文创作的主题，批判封建迷信落后思想，主张妇女儿童和青年的社会解放，揭示和批判国民性的弱点，等等，语言幽默生动，文风凝练犀利。1926年所写的《记念刘和珍君》感情真挚深沉，既沉痛缅怀了刘和珍的优秀品质，又痛彻心扉地指责军阀政府的罪行，“沉默呵，沉默呵！不是在沉默中爆发，就是在沉默中灭亡”。情感激烈，却又沉敛于平静的语词之中。20世纪30年代鲁迅的杂文取得了更大的成就，《且介亭杂文》是那时鲁迅结集出版的杂文集。为什么叫“且介亭”呢？因为鲁迅有一段时间住在上海闸北的一个“半租界”区域，他有着极其强烈的民族自尊心，对帝国主义在中国划分租界十分憎恨，因此将“租界”二字各取一半，名为“且介”，“亭”表示这些文字是在亭子间写出的，用“且介亭”三个字抒发了对当时黑暗现实的不满。

《故事新编》是鲁迅后期的短篇小说集，包括《奔月》《铸剑》《采薇》等八篇，用很有意思的手法重新讲述了古代的历史传说，同时影射当时的社会现实，和前期的小说在思想上一脉相承，仍然以医治国民精神疾病为己任，但在创作手法上进行了改变，戏谑幽默，辛辣嘲讽，将深沉的寓意隐藏在精彩的故事之中。《奔月》取材于嫦娥奔月的传说，以善射的英雄后羿为主人公，但对后羿这个人物进行了重新塑造，一方面讲述了后羿高超的射箭本领和所向披靡的英雄气概，另一方面也讲述了后羿功成名就后的寂寞和潦倒，关注英雄成功之后的烦恼，并将嫦娥塑造为一个贪图享乐的形象。鲁迅匠心独运地讲述了一个与众不同的嫦娥奔月的故事。这些寓言式的短篇小说通过艺术性的虚构将古今交融，体现出鲁迅渊博的历史知识和对现实社会深邃的洞察力。

鲁迅始终积极参与社会运动，怀着一颗炙热的爱国之心，为中华民族的兴亡积极奔走。1930年他在上海出席中国左翼作家联盟成立大会，发表《对左翼作家联盟的意见》，呼吁广大作家联合起来，有力地进行文艺思想斗争，与国民党争取宣传阵地，获得广大人民群众的支持。1933年1月，鲁迅受蔡元培的邀请加入民权保障同盟会，被推举为执行委员。这一年，鲁迅写了《为了忘却的纪念》怀念“左联”五烈士之一柔石，歌颂了革命青年的品格与精神，控诉了反动派的罪行。“夜正长，路也正长，我不如忘却，不说的好罢。但我知道，即使不是我，将来总会有记起他们，再说他们的时候的。”这篇文章的最后一句如此内敛含蓄，却又如此饱含深情。

1936年10月，鲁迅在上海的寓所去世。他年轻时就患了肺结核，又长年累月处于紧张的工作之中，即使病痛仍然坚持写作，写出了《半夏小集》《这也是生活》等散文作品。在鲁迅生命的最后时刻，医生和看护想尽各种办法，仍然无济于事。他的爱人许广平陪伴在他身边，握着他的手，目送着鲁迅与世长辞。那一天是1936年10月19日，一个时代的巨星就此陨落，但他的光芒永远照亮天地之间，照亮每个中国人的灵魂。

每个民族都有一些大师级的思想家和文学家，他们的思想与作品能让人不断地思考，不断地得到启发，是一个民族精神的源泉。鲁迅正是这样一位思想家和文学家，他深入人性的幽微之处，对人性和国民性进行了鞭辟入里的分析，对中国文学乃至世界文学都做出了巨大的贡献，指引着我们在自强不息的精神之路上不断前进。

第二章

周作人：品尝人生的酸甜苦辣

在璀璨的“五四”星河中，周作人无疑曾闪烁过夺目的光辉。新文化运动第一个十年，周作人的影响力和号召力甚至超过他的哥哥鲁迅先生。然而世事无常，鲁迅先生成了中国脊梁，而周作人却沦为汉奸。但不可否认，周作人的文学造诣颇高。只要你读过周作人的散文，就一定会折服于他的才情。《故乡的野菜》就是周作人脍炙人口的名篇：

清明前后扫墓时，有些人家——大约是保存古风的人家——用黄花麦果作供，但不作饼状，做成小颗如指顶大，或细条如小指，以五六个作一攒，名曰茧果，不知是什么意思，或因蚕上山时设祭，也用这种食品，故有是称，亦未可知。自从十二三岁时外出不参与外祖家扫墓以后，不复见过茧果，近来住在北京，也不再见黄花麦果的影子了。日本称作“御形”，与荠菜同为春的七草之一，也采来做点心用，状如艾饺，名曰“草饼”，春分前后多食之，在北京也有，但是吃去总是日本风味，不复是儿时的黄花麦果糕了。

周作人在《故乡的野菜》开头说：“我的故乡不止一个，凡我住过的地方都是故乡。故乡对于我并没有什么特别的情分，只因钓于斯游于斯的关系。”轻描淡写的笔触，正是周作人惯常的散文风格。但是透过文字，从《故乡的野菜》中我们能读到周作人对故乡浓浓的思念，他不疾不徐地介绍故乡的荠菜、鼠曲草、紫云英，串以民歌俗谚，自有一种朴实之美。周作人情感极为丰富细腻，擅长对微小事物细细描摹，他的文章既有文人雅士的闲散趣味，又有知识性。他的散文初读可能会让一些人失望，因为周作人的散文大多极为寡淡，就像白开水一样，可是随着年龄和阅历的增加，随着审美品位的提高，就会蓦然发现，周作人的散文已经到了极高的境界，所谓绚烂之极归于平淡正是如此。而周作人的一生，遍历人生的酸甜苦辣，其中滋味无以言表。难怪有人说，要读懂周作人，起码要到而立之年。

周作人原名櫆寿，字启明，晚年改名遐寿。他是鲁迅先生的二弟，是周建人的兄长。周作人是中国现代著名散文家、文学理论家、翻译家、思想家，同时还是中国民俗学开拓人。

和他的兄长鲁迅一样，周作人幼年在家乡私塾三味书屋接受传统教育，后考取官费留学日本。在日本期间他和鲁迅翻译出版了著名的《域外小说集》，这本小说集主要介绍东欧弱小民族文学，用古文翻译外文作品，虽然这本书出版后据说只卖出20余本，但是翻译水平很高。因为留学日本的经历，周作人受日本文化影响极深。

周作人学成归国，1917年到北京大学附属国史编纂处做编纂工作，1918年出任北京大学文科教授，教授希腊罗马文学史、欧洲文学史、近代散文、佛教文学等课程，并创办北京大学东方语言文学系，出任首任系主任，那个时候他才三十三岁。五四运动后，他与郑振铎、沈雁冰（茅盾）、叶绍钧等人发起成立文学研究会；并与鲁迅、林语堂、孙伏园等创办《语丝》周刊，任主编和主要撰稿人。

周作人是中国文学史上第一个提出“人的文学”概念的人。在《人的文学》中，周作人批判封建社会的三纲五常、三从四德，否定男权社会下对女性地位的贬低，呼吁女性解放，批判父母将自己的子女当作所有品等。他提出“人的文学”，是以人道主义为基础，观察社会、剖析社会，以严肃的态度去描写“非人的生活”，也就是底层人民的生活。这篇文章酣畅淋漓，在当时的文坛引起极大震动，周作人一时备受瞩目。1920年，周作人作了题为“儿童的文学”的演说，第一次把文学和儿童联系在一起，正式提出了“儿童文学”的名称。相信大家一定看过王尔德的童话《快乐王子》吧？周作人正是最早将王尔德童话译介到中国的翻译者，“五四”时期《快乐王子》被翻译为《安乐王子》。

周作人于1921年提出“美文”概念，他呼吁同道者都来试着创作一种真实简明、以叙事与抒情为主的“美文”，这是为了给新文学开辟出一块新的土地。

说完了周作人的理论贡献，我们再来看看周作人创作上的成就吧。

整个新文学运动，成就最高的无疑是散文。20世纪30年代中期，鲁迅曾经慨叹“散文小品的成功，几乎在小说戏曲和诗歌之上”。朱自清等大家也发表过类似的观点。而散文成就的两座高峰，一座是鲁迅先生，另一座就是周作人。鲁迅先生以杂文见长，同时也有优美的回忆性散文；周作人则开创了美文传统，创作了许多语言闲散、风格平淡、记叙抒情的小品文。虽然小品文曾在1933年被鲁迅批判为“太平盛世的小摆设”，但就艺术成就而言，这些小品文的成就是极高的。现代散文特别是叙事、抒情散文，在五四新文学运动第一个十年的发展，离不开周作人的贡献。

周作人早期的散文指20世纪30年代以前写的散文，大多收录在《自己的园地》《雨天的书》《泽泻集》《谈龙集》《永日集》等。早期散文从“浮躁凌厉”转向“冲淡平和”，后者大多取材平凡，他把故乡的吃食娓娓道来，和读者聊聊乌篷船，听听苦雨，谈谈吃茶，流露出隽永的况味；语言上淡雅含蓄，情感上冲淡平和，无论是欢愉还是寂寥抑或苦闷，都是淡淡的。比如周作人的《初恋》，全文不过寥寥九百多字，笔调极淡，感情极深。

再比如《喝茶》：

喝茶当于瓦屋纸窗之下，清泉绿茶，用素雅的陶瓷茶具，同二三人共饮，得半日之闲，可抵十年的尘梦。喝茶之后，再去继续修各人的胜业，无论为名为利，都无不可，但偶然的片刻优游乃正亦断不可少。中国喝茶时多吃瓜子，我觉得不很适宜；喝茶时可吃的东西应当是轻淡的“茶食”。中国的茶食却变了“满汉饽饽”，其性质与“阿阿兜”相差无几，不是喝茶时所吃的东西了。日本的点心虽是豆米的成品，但那优雅的形色，相素的味道，很合于茶食的资格，如各色“羊羹”（据上田恭辅氏考据，说是出于中国唐时的羊肝饼），尤有特殊的风味。江南茶馆中有一种“干丝”，用豆腐干切成细丝，加姜丝酱油，重汤炖热，上浇麻油，出以供客，其利益为“堂馆”所独有。豆腐干中本有一种“茶干”，今变而为丝，亦颇与茶相宜。在南京时常食此品，据云有某寺方丈所制为最，虽也曾尝试，却已忘记，所记得者乃只是下关的江天阁而已。学生们的习惯，平常“干丝”既出，大抵不即食，等到麻油再加，开水重换之后，始行举箸，最为合式，因为一到即罄，次碗继至，不遑应酬，否则麻油三浇，旋即撤去，怒形于色，未免使客不欢而散，茶意都消了。

“得半日之闲，可抵十年的尘梦”一句，着实有种“人间至味是清欢”的意味。苦中作乐、“偶尔的片刻优游”是茶道的精妙之处。周作人的散文行笔极为自由，想到哪儿写到哪儿，兴之所至自然流淌。

他的散文取材上也十分“随便”，品茶饮酒，谈狐说鬼，写苍蝇也写跳蚤，写北平的春天也写下雨天。散文小品之所以成功，原因之一是中国源远流长的散文传统。周作人十分推崇晚明小品，重新“发现”了“公安三袁”，他坚信“新文学在中国的土里原有他的根，只要着力培养，自然会长出新芽来”。公安派“独抒性灵，不拘格套”的主张和周作人的思想不谋而合。周作人的思想还深受日本“物哀”传统的影响。以樱花作例，日本人喜爱樱花，一方面是缘于樱花的美丽，另一方面是樱花转瞬即逝，在转瞬即逝中欣赏体会事物本真的美，并泛起真挚的淡淡忧伤，这便是“物哀”。周作人的散文也时常慨叹这种无常。

周作人的散文除了冲淡平易的特点，还有一个特点就是“涩味”。周作人十分骄傲于自己文章的“涩”，认为兼具简单和涩味的文章才更耐读。他中期的散文被大家戏谑为“抄书体”。就是说这个时候周作人写文章多抄录书籍，只用自己简单的话连缀起来，借他人文章抒发胸臆。

这类文章阅读稍微有些困难，大多也枯燥无味。晚期散文颇有“庾信文章老更成”的意味。周作人晚年写了一部《知堂回想录》，洋洋洒洒近四十万字，是周作人对自己一生的回忆。

周作人和他的兄长鲁迅一样，有着喷薄的才情。周作人的作品文学底蕴极深，学养深厚。据说周作人写作极少查出处，他的原稿往往是一挥而就，极少涂改。他自己也常说自己喜爱看“杂书”，从民俗学、人类学到医药学，周作人都有涉猎。除了散文成就，他的诗歌创作偶一尝试也属精品。在胡适还停留在“两个黄蝴蝶，双双飞上天”的水准时，周作人已经能写出《小河》这样清丽的小诗：

一条小河，稳稳的向前流动。

经过的地方，两面全是乌黑的土，

生满了红的花，碧绿的叶，黄的果实。

一个农夫背了锄来，在小河中间筑起一道堰。

下流干了，上流的水被堰拦着，下来不得，不得前进，又不能退回，水只在堰前乱转。

水要保她的生命，总须流动，便只在堰前乱转。

堰下的土，逐渐淘去，成了深潭。

这首《小河》被胡适誉为“新诗中的第一位杰作”。这首小诗不仅完全摆脱了旧诗格律，实现了诗体大解放，还在艺术表现上采用象征、拟人手法，赋予小河似人的感情，融情入理。

周作人曾与其兄鲁迅并肩作战，可惜后来兄弟阋墙，分道扬镳。兄弟不和的原因众说纷纭，大多数认为与周作人的日本妻子羽太信子有关。但可贵的是，除了周作人决裂时写给鲁迅的一封信，两个人在余生都对这件事保持缄默。周作人内心有着和鲁迅一样的悲愁苦闷。1923年他在对友人的书信中写道：

我们谁不坐在敞车上走着呢？有的以为是往天国去，正在歌笑；有的以为是下地狱去，正在悲哭；有的醉了，睡。我们——只想缓缓的走着，看沿路的景色，听人家谈论，尽量的享受这引起应得的苦和乐；至于路线如何，或是由西四牌楼往南，或是由东单牌楼往北，那有什么关系。

彼时周作人不到四十，看似已对生死之事极为超脱，实际上不然。周作人为日伪政府效力是其一生的污点，他的悲哀在于只想做一个读书人，但政治上又犯了不可饶恕的错误——为日伪政府效力，沦为汉奸。他一生只想要悠闲地言志，然而他生在一个不容沉默的年代。他曾是新文化运动巨匠，振臂一呼应者云集；他也曾为学生请愿，写过酣畅淋漓的讽刺文章。可后来他投降做了汉奸，又变成了政治犯，晚年躲在书斋写回忆录，做翻译工作，享年82岁。

有人说，读懂周作人，大约要到中年以后。人到中年，更能体会周作人心境的苍老和克制的情感。然而青年，也能从周作人的散文中，汲取作文之道。

第三章

胡适：新时代要有新规矩

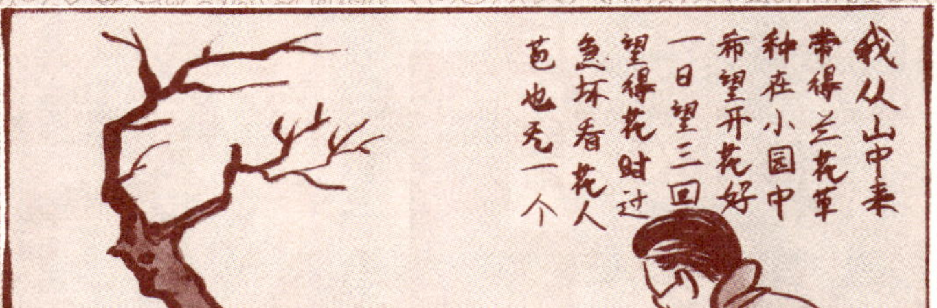

相信大家都会唱一首叫作《兰花草》的歌，就算不会唱，也一定听过。可是你一定不知道，这首20世纪80年代流行于台湾的歌曲，其实是根据胡适先生的早期诗歌《希望》改编的。

我从山中来，带得兰花草。种在小园中，希望开花好。
一日望三回，望得花时过；急坏看花人，苞也无一个。
眼见秋天到，移花供在家；明年春风回，祝汝满盆花！

这首小诗质朴、清新，诗题为“希望”，饱含着对生命的珍惜和期待。胡适的性格像兰花草一样平和，被另一位现代文学大家梁实秋评价为“温而厉”。梁实秋说：“我从未见过他大发雷霆或盛气凌人。他对待年轻人、属下、仆人，永远是一副笑容可掬的样子。就是在遭到挫折侮辱的时候，他也不失其常。”

胡适出生于1891年，原名洪骍，字适之。当时社会盛行达尔文学说，胡适的名字就来源于“物竞天择，适者生存”这句话。他幼年就读于家乡私塾，19岁考取庚子赔款官费生，留学美国。胡适是第二批庚子赔款留美学生，同时中榜的还有后来的语言学家赵元任、气象学家竺可桢等。胡适初入康奈尔大学，后来又转入哥伦比亚大学攻读博士学位，师从约翰·杜威，其一生都受杜威的影响，信奉实验主义哲学。

1917年博士学位尚未到手，胡适便回国做了北京大学教授，年方26岁！当时的北京大学校长正是蔡元培。近代中国，学界一开始还真不太注重学历和头衔，大名鼎鼎的陈寅恪连个像样的本科学历都没有。但胡适一生却获得过三十多个荣誉博士头衔。当然，荣誉博士头衔如此之多，与他当过大使先生有关。

胡适年轻的时候也曾放浪不羁爱自由，他抽烟、喝酒、打牌，但其一发声，便引起文学界的极大震动。他是五四文学革命最早的倡导者之一，于1917年1月在《新青年》上发表《文学改良刍议》，里面提到了八项主张：1. 须言之有物；2. 不模仿古人；3. 须讲求文法；4. 不作无病之呻吟；5. 务去滥调套语；6. 不用典；7. 不讲对仗；8. 不避俗字俗语。胡适与陈独秀的通信连同这篇文章，掀起一场声势浩大、影响深远的文学革命。写完《文学改良刍议》，胡适又发表《建设的文学革命论》，他告诉人们：

一、要有话说，方才说话。

二、有什么话，说什么话；话怎么说，就怎么说。

三、要说我自己的话，别说别人的话。

四、是什么时代的人，说什么时代的话。

胡适不仅在理论上有所建树，也亲身实践。想必大家一定看过他写的《差不多先生传》。

你知道中国最有名的人是谁？

提起此人，人人皆晓，处处闻名。他姓差，名不多，是各省各县各村人氏。你一定见过他，一定听过别人谈起他。差不多先生的名字天天挂在大家的口头，因为他是中国全国人的代表。

差不多先生的相貌和你和我都差不多。他有一双眼睛，但看的不很清楚；有两只耳朵，但听的不很分明；有鼻子和嘴，但他对于气味和口味都不很讲究。他的脑子也不小，但他的记性却不很精明，他的思想也不很细密。

他常说："凡事只要差不多，就好了。何必太精明呢？"

他小的时候，他妈叫他去买红糖，他买了白糖回来。他妈骂他，他摇摇头说："红糖白糖不是差不多吗？"

他在学堂的时候，先生问他："直隶省的西边是哪一省？"他说是陕西。先生说："错了。是山西，不是陕西。"他说："陕西同山西，不是差不多吗？"

胡适一生好为人师，这些有趣的小故事就是用来警醒国人，希望改变国人身上一些毛病，不要让中国变成“懒人国”。胡适先生巧妙地运用夸饰、排比、反讽等修辞手法，以浅显生动的语言传递严肃的道理。

胡适文学创作的尝试还体现在诗歌上，1920年出版的《尝试集》是文学史上第一部白话新诗集。让我们来看看胡适写的诗歌吧。

两个黄蝴蝶，双双飞上天。
不知为什么，一个忽飞还。
剩下那一个，孤单怪可怜。
也无心上天，天上太孤单。

——《蝴蝶》

雪色满空山，抬头忽见你！
我不知何故，心里狠欢喜；
踏雪摘下来，夹在小书里；
还想做首诗，写我欢喜的道理。
不料此理狠难写，抽出笔来还搁起。

——《三溪路上大雪里一个红叶》

大家是不是觉得大名鼎鼎的胡适先生的作品也不过如此？读起来少了一点“诗意”，有些甚至像是打油诗。要知道那个时代白话文创作才刚刚兴起，胡适先生更重要的贡献是开一代风气。胡适诗歌都取材于生活，抒发真情实感，在句式上遵循其“作诗如作文”的主张，采用“散文化”的方法，打破旧体诗的章法结构和格律要求，将诗歌导向更广阔的天地。

反对中国旧戏、提倡戏剧改良也是五四新文学运动的一项重要内容。如同倡导白话诗写作一样，胡适也写过话剧。中国现代戏剧史上的第一个话剧剧本——独幕剧《终身大事》就是胡适写的，而且是用英文写的。《终身大事》讲述了一个叫田亚梅的小姑娘为争取婚姻自主而离家出走的故事。田亚梅留学归来，和一个小伙陈先生坠入爱河，但他们的恋情遭到父母反对，说他们命相不合，八字相克。田亚梅留下一张纸条说：“这是孩儿的终身大事，孩儿该自己决断，孩儿现在坐了陈先生的骑车去了。”

《终身大事》具有反封建的意味，但是胡适自己的婚姻却是父母之命。胡适十三岁的时候就由母亲做主与江冬秀订婚。后来的十几年内两人都没有见过面。1917年胡适学成归国，回故里完婚。胡适极其敬重自己的母亲，曾在回忆录中说“我的恩师就是我的慈母”，“我母亲管束我最严，她是慈母兼任严父”。或许正是出于对母亲的爱戴，胡适并没有抗拒母亲为他安排的婚姻。而对于江冬秀，胡适自称也是有“欢喜”的。结婚前有一次胡适病了，不认识多少字的江冬秀写信问候他，胡适为此曾写了一首诗：“病中得他书，不满八行纸；全无要紧话，颇使我欢喜。”婚后无论天涯海角，江冬秀总是紧紧追随着胡适。胡适的学生唐德刚戏言：“胡适大名重宇宙，小脚太太亦随之。”但是两个人之间灵魂相通实在太难了，许多人不理解为何胡适能够忍受长达几十年无趣的婚姻生活，而且书生气的胡适是出了名的“怕老婆”。江冬秀大字不识几个，性格却直爽火辣，胡适为人谦和，最不愿做的事情就是与人吵架，更不想与自己的妻子发生争执。胡适还要面子，想要维持自己“国人导师”的圣人形象。

胡适的小诗《梦与诗》里这样写道：“醉过才知酒浓，爱过才知情重。你不能做我的诗，正如我不能做你的梦。”胡适的一生也有过几段风花雪月的绯闻，但终其一生，都只有一个结发妻子江冬秀。江冬秀虽然不能和胡适谈论风花雪月，但是她能伴其一生，还会烧胡适最爱的徽州一品锅。陪伴，果然是最长情的告白。

胡适兴趣广泛，涉猎众多，在文学、哲学、史学、考据学、教育学、红学等领域都有深入研究。除了之前提到的《尝试集》，主要著作还有《中国哲学史大纲》（上）、《白话文学史》（上）和《胡适文存》等。我们熟悉的国学大师季羡林是这样评价胡适的：“胡适是一个书生，说不好听点，就是一个书呆子。”说胡适是一个书呆子，这一点不假。据说有一次胡适列席一个会议，在会议开始前已经声明要提前退席。没想到会议上有人突然谈到《水经注》，胡适立刻精神抖擞，口若悬河，兴致勃勃地加入了讨论，早已不谈退席之事。

胡适是一个相对清醒的自由主义知识分子，他重新估定一切价值，提出个性解放，提出个人主义。个人主义要有独立思想，“不肯把别人的耳朵当自己的耳朵，不肯把别人的眼睛当自己的眼睛，不肯把别人的脑力当自己的脑力”，这就是说，一个人要有自由独立的人格，要思想独立，不盲从，敢于承担责任、怀疑一切，富有冒险精神。胡适告诫青年，呼吁青年要有独立之精神、独立之人格。胡适坚决反对把个人的自由与国家的自由对立起来，他说：“争你们个人的自由，便是为国家争自由！争你们自己的人格，便是为国家争人格！”胡适用个人主义来批判否定禁锢中国人数千年的宗法制度和虚伪的家庭主义，从反抗家庭开始，反抗社会，改造社会。他说在宗法制度之下，只有家庭，没有个人。胡适同时还是一个女权主义者，他从易卜生主义出发，抨击传统礼教和贞操观念。胡适提倡自由，也主张宽容。他说：“宽容比自由更重要。”

胡适爱面子，爱交朋友，人缘也特别好，“我的朋友胡适之”曾经是那个年代许多人的口头禅，不管认识不认识，大家都说自己是胡适的朋友。胡适的朋友除了文化界、学术界的精英，也有许多“白丁”。胡适晚年在台北时，有个沿街卖芝麻饼的小贩，他自做自卖，卖饼之余，喜欢站在卖饼的铅桶旁看书，研究各国政治。有许多问题使他困惑，又想不出答案，于是写信向胡适请教。胡适则有信必复。

当然，胡适虽然是一个“好好先生”，但是在历史上也留下了不少“骂名”。1919年，也就是五四运动那一年，胡适在《每周评论》发表《多研究些问题，少谈些“主义”》，他自己知道“我这种议论，有许多人一定不愿意听”。果然，许多人开始攻击胡适，说他是“实用主义”。鲁迅对于胡适一开始是持肯定和赞美的态度的，说自己“佩服陈胡”，“陈”是陈独秀，“胡”就是胡适，鲁迅还赞誉胡适关于白话文的观点“警辟之至，大快人心”。但随着新文化运动的分化，胡适主张青年埋头读书，两耳不闻窗外事，加上他又收到逊位的皇帝溥仪和国民政府首脑蒋介石的“垂询”，鲁迅对其越来越不满，两人关系甚至到了水火不容的地步。鲁迅和胡适也常常被拿来比较，但无论如何，两人都启迪国民智慧，是新文学史上两位居功至伟的人物。

胡适于1962年病逝于台北。胡适的葬礼空前盛大，他的棺木上覆盖着北京大学校旗，百余团体公祭，自发送葬者达30万人。蒋介石为胡适作挽联，他评价胡适为“新文化中旧道德的楷模，旧伦理中新思想的师表”。在很多人眼中，胡适是“世纪智者”，开一代风气，引领时代风潮。

第四章

张恨水：现代言情第一人

林花谢了春红，太匆匆，无奈朝来寒雨晚来风。
胭脂泪，留人醉，几时重？自是人生长恨水长东。

——《相见欢》

这是五代十国时期南唐后主李煜写的一首词，表达对往事的哀思和对人生的感慨，说不尽的怅惘忧愁在这短短几行词句中得到淋漓尽致的表达。许多年前，张恨水想起家中纷纷飘落的桂花，想起李煜的这句“人生长恨水长东”，想起自己匆匆而逝的年华如流水般一去不复返，在纸张上写下“恨水”两个字，并以此作为自己的笔名。

在现代文坛，张恨水的名气和声望极其高。高到什么程度呢？蒋介石、宋美龄曾经前往张家探望他，张恨水客气地接待他们后，请仆人送他们离去。大学者陈寅恪是张恨水的忠实读者，在双目失明时期拜托朋友去图书馆借张恨水的新书，请朋友读给自己听。鲁迅的母亲是张恨水的忠实读者，鲁迅是个孝顺的儿子，常买张恨水的新书寄给母亲……

为什么张恨水会有如此高的知名度呢？因为张恨水写的小说是读者群体最庞大的，以描写男女之间的痴情爱恨为主要内容。风花雪月，才子佳人，一直是大众最喜欢看的故事。张恨水的小说在报纸上连载，发行量高得惊人，小说悬念丛生，情节跌宕起伏，吸引得许多读者在报馆前排队等着购买新鲜出炉的报纸，想先睹为快。在五十多年的创作生涯中，他创作了一百多部小说，总字数达到了三千万字，真正做到了著作等身——作品叠起来与作者的身高相等，甚至，张恨水的作品叠起来远远超过了他的身高。这样的创作数量和创作质量，在文坛上实属罕见，他是当时名副其实的畅销书作家，号称“民国第一写手”。

张恨水被称为“鸳鸯蝴蝶派”的代表作家。鸳鸯蝴蝶派，是不是听起来就觉得非常唯美和浪漫？这个名字取自清朝小说《花月痕》中的一句诗：“卅六鸳鸯同命鸟，一双蝴蝶可怜虫。”以鸳鸯和蝴蝶寓指小说中的才子佳人，风格大多绮丽婉艳，在20世纪初极其受欢迎。鸳鸯蝴蝶派的刊物中，《礼拜六》影响最大，因此又被称为“礼拜六派”。

鸳鸯蝴蝶派在当时虽然有着广泛的读者群，但是在文坛中被认为是以文学为游戏，以文学为消遣，在文学革命时期不断受到指责和抨击，因为它不仅没有承担起用文学救亡图存的任务，反而还有麻痹人民的嫌疑。比如著名作家茅盾就曾经说鸳鸯蝴蝶派小说“言爱情不出才子佳人偷香窃玉的旧套，言政治言社会，不外慨叹人心日非世道沦夷的老调”。这些小说被当时的精英主义人士认为思想空虚，内容老套，迎合了中下阶层的艺术趣味。

有朋友问张恨水对于被称为“鸳鸯蝴蝶派”作家有什

么想法，张恨水很温和地说：“鸳鸯与蝴蝶……和人的关系、感情都处得不坏，几曾见过人要扑杀鸳鸯蝴蝶？又听说过鸳鸯蝴蝶伤害了人？”鸳鸯蝴蝶派文学是从近代文学向现代文学演变过程中的一个流派，它更多地继承了中国古代通俗小说文学传统，以波澜起伏的情节和错综复杂的情感吸引读者，以休闲娱乐为主要功能，因此受到了新文学界的批判。

但鸳鸯蝴蝶派作为一个文学流派，也有它的文化意义和美学价值。比如，它以章回体长篇小说为主要形式。什么是章回体呢？就是将一部长篇小说分成若干个“章”或“回”，每个章回用单句或对偶句为标题，概括本章回的主要内容，每回开头以“话说”“且说”等为开端，每回末以“欲知后事如何，且听下文分解”之类的话为收束，一回叙述一个较完整的故事段落，既相对独立，又相互连接。章回体是我国古典长篇小说的主要形式，《三国演义》《水浒传》《西游记》《红楼梦》都是章回体小说。

我们来看看张恨水的代表作《金粉世家》的目录，品味一下章回体的特色，以及从目录文字便流露出来的鲜明的鸳鸯蝴蝶派风格——

第001回　陌上闲游坠鞭惊素女　阶前小谑策权戏娇嬛

第002回　月夜访情俦重来永巷　绮宴招腻友双款幽斋

第003回　遣使接芳邻巧言善诱　通幽羡老屋重价相求
第004回　屋自穴东墙暗惊乍见　人来尽乡礼共感隆情
第005回　春服为亲筹来供锦盒　歌台得小聚同坐归车
第006回　倩影不能描枣花帘底　清歌何处起杨柳楼前

《金粉世家》被誉为“20世纪的《红楼梦》”，讲述了养尊处优的富家公子金燕西和素雅文静的寒门姑娘冷清秋之间的爱情故事。金燕西对冷清秋一见钟情，用尽心思追求冷清秋，渐渐打动了她的心，两个人挣脱种种世俗的障碍走到一起。然而在嫁到金家后，冷清秋与周围的一切格格不入，金家复杂的人际关系让她无从适应，更让她难以接受的是金燕西逐渐暴露的纨绔子弟本性，原本情投意合的两个人渐行渐远，最终分道扬镳。张恨水以金燕西和冷清秋的爱情为主线，穿插叙述了乱世军阀之间的政治角逐，旧式大家庭的钩心斗角，世态炎凉和人情冷暖得到具象化的书写。像《红楼梦》里的贾府一样，金家从鼎盛时期的纸醉金迷走向没落，在风雨飘摇中解体。

小说结构布局严谨完整，文笔优美缠绵，将中国传统章回体小说写法与西方小说的新写法相融合，穿插华美的诗词典章，将这个爱情故事写得荡气回肠、可歌可泣，许多段落单独欣赏起来亦十分有美感，比如写冷清秋在雨夜里独坐的片段：

这样一来，清秋倒不害怕了，一个人对着一盏惨白的银灯，也不看书，也不作事，只是坐了呆想。这时，楼外一阵阵的雨声，又不觉地送入耳鼓。那雨本是松一阵，紧一阵，下得紧的时候，也不过听到他屋上树上，一片潮声。及至松懒之际，一切的声音都没有了，只有那松针上的积雨，滴答滴答不绝地溜下雨点。偶吹上一阵风，这雨点子，也就紧上一阵。古人所谓松风，所谓松子落琴床，都是一种清寒之韵。这种清寒的夜色里，院子里又没有一点人声，那雨点声借着松里呼呼的风势，那一份凄凉景象，简直是不堪入耳。

静谧的夜色，凄清的雨声，烘托出主人公低落的心境，文字像王维的诗一样清新唯美，却又透露出一股悲怆，这正是张恨水的风格。

在张恨水的众多作品中，另一著名的作品是《啼笑因缘》，反映了北洋军阀统治时期社会的黑暗动乱，不仅仅在章回小说的老读者中引起强烈反响，在新文学界也造成轰动。男主人公樊家树来北京求学，爱上了唱大鼓书的姑娘沈凤喜，财政总长的女儿何丽娜和武侠关寿峰的女儿关秀姑也纷纷倾心于樊家树。樊家树和沈凤喜成亲前夕，樊家树母亲重病，在樊家树回家探望母亲时，军阀刘国柱依靠权力霸占了沈凤喜，他发现沈凤喜在樊家树回来后仍与樊家树私会，将沈凤喜毒打成疯，关进精神病院。关寿峰父女用计除去了刘国柱，为民除害，大快人心，然后一起远赴东北参加义勇军。樊家树渐渐爱上了与沈凤喜面容酷似的何丽娜，两人终成眷属。

《啼笑因缘》开启了一男三女的爱情小说模式结构，将武侠、社会、言情融合在一起，故事曲折离奇，既密切联系当时社会实际，又富有传奇色彩，一时间引起热议。在《啼笑因缘》连载之际，许多市民见面时常常聊起《啼笑因缘》，猜测它的结局，许多原本不订报纸的人也为了《啼笑因缘》开始订报纸。小说单行本出版后不断加印和再版，销量非常大。连张恨水自己都说："上至党国名流，下至风尘少女，一见着面，便问《啼笑因缘》，这不能不使我受宠若惊了。"《啼笑因缘》在当时引起的轰动可见一斑。

写了这么多缠绵悱恻的爱情小说的张恨水，自己的人生经历又是怎么样的呢？是不是像小说中的人物一样有着跌宕起伏的命运呢？他在现实人生中的爱情，是不如人意，还是美满团圆呢？

让我们一起走进张恨水的人生……

1895年5月18日，张恨水出生在江西省上饶市，父亲是景德镇的一名税务官。他从小就喜欢在旧式的图书馆看书，觉得《千家诗》“莫名其妙的有味”，对《西游记》《三国演义》等古典小说爱不释手，尤其推崇《红楼梦》的创作手法，沉醉于才子佳人式的小说情节，专爱风流才子高人隐士的行为。

张恨水十七岁时，父亲去世，他不得不想办法赚钱谋生。次年，他开始给《小说月报》投稿，虽然起初没有被刊登，但受到编辑的赞扬和鼓励。张恨水陆续在报纸上发表作品，并长期在报社担任编辑。20世纪二三十年代是张恨水创作的鼎盛时期，作品风靡全国，名气如日中天。《春明外史》《金粉世家》《啼笑因缘》等作品令无数男女倾倒。他用一支笔创造了无数可歌可泣的爱情故事。与此同时，他自己的爱情经历也颇为曲折，引人唏嘘。

每天都在构思才子佳人小说的张恨水自然对婚姻爱情生活充满憧憬，希望能够找到一个才貌双全的伴侣，过着罗曼蒂克的生活。但是在那个时期，父母包办婚姻的传统仍然普遍存在，张恨水内心虽然抗拒，但出于对母亲的孝顺，仍然十分尊重母亲对他婚姻的意见。母亲了解张恨水对未来妻子容貌的要求高，专门带着媒人和张恨水去对方家附近的戏楼相亲，张恨水看到媒人指着的姑娘相貌清秀，于是点头同意了这门亲事。谁知在真正成亲那天，拜堂成亲后，张恨水在新房里挑开新娘徐文淑的红盖头，看到的却是一张乡下丑姑娘的脸，远远不是他希冀的佳人形象——原来对方家庭用了调包计，当初相亲时，媒人指向的是美丽的二姑娘，可是定亲时却是相貌丑陋的大姑娘。张恨水深受打击，但木已成舟，他不得不接受这个事实。徐文淑在结婚前不识字，婚后发奋读书，后来能读会写，孝敬婆婆，张恨水一直供养着她，可惜对她始终无法生出爱意。正是由于在现实生活中无法得到满意的爱情，张恨水开始写爱情小说，希望通过书写爱情来表达自己对爱情的渴望。

来到北平后，张恨水在专门收养流浪女子的平民习艺所中，认识了他的第二任妻子胡秋霞。胡秋霞和徐文淑一样，原本也不识字，张恨水一点一点地教胡秋霞认字，慢慢地胡秋霞开始能够看报纸。但胡秋霞和张恨水的文化水平毕竟相差甚远，在张恨水情感空虚时，心地善良的胡秋霞满足了他一定的情感需求，可是胡秋霞不能了解张恨水的精神世界，张恨水的心灵仍然很孤独，只好在爱情小说里通过想象来弥补自己的情感渴求。

直到三十六岁时，张恨水终于遇到了他一直渴望的红颜知己周淑云。她蕙质兰心，能歌善舞，喜欢读张恨水的小说，喜欢京剧，在一次游园会上与张恨水相识。两人情投意合，有非常多的共同语言，张恨水红袖添香的理想终于得以实现——他拉京胡奏响咿咿呀呀的乐曲，她甩袖吟唱甜甜亮亮的京剧，两人是红尘烟火中的一对恩爱眷侣。在抗日战争期间，周淑云与张恨水相互扶持，度过了最艰难的抗战时光。

1948年年底，张恨水突然中风，不得不停止写作。不久被周恩来特批聘为文化部顾问。后来，张恨水病情好转后，辞去官职，继续专职写作。1959年，妻子周淑云去世，张恨水十分悲痛。1967年，张恨水在一个早晨离开了人世，走完了七十二年的人生之路。

在现代文学作家中，张恨水是一个传奇，他的写作效率令人惊羡。张恨水的女儿回忆说："父亲大约每日九点钟开始写作，直到下午六七点钟，才放下笔吃饭，饭后稍事休息，然后写到夜里十二点钟，日复一日。"他以一支笔养活着全家十几个人，这也是他一生引以为自豪的事："自家在北平的大宅子，是用稿费换来的。""全家三十多口人，靠一支笔，日子倒过得不错。"

"胭脂泪，留人醉，几时重？自是人生长恨水长东。"张恨水用笔名"恨水"提醒自己时光易逝，要珍惜年华，不可碌碌无为。他奋笔疾书，将一生的心血化为三千万文字，实现了自己取名"恨水"的初衷，在现代文坛中闪放出耀眼的光芒。

第五章

林语堂：幽默到底啥意思

2012年10月11日，中国作家莫言获得诺贝尔文学奖，这是中国文学界迄今为止获得的最高奖项，瞬间引起巨大轰动，中国人感到无比的自豪和骄傲。

在历史上，林语堂也曾经被提名诺贝尔文学奖，虽然最终与之擦肩而过。

1936年，林语堂的英文著作《吾国与吾民》在美国出版，四个月内连印了七版，登上图书畅销榜，一举成名。1937年，《生活的艺术》在美国出版，随即在近一年的时间里高居图书畅销榜第一名。1939年，林语堂出版了英文版的《京华烟云》，短短半年内在美国销售超过五万册。

为什么林语堂的这些重要作品都是用英文写作的呢？林语堂究竟是一个怎样的作家呢？

下面我们来一起走近林语堂——这位“两脚踏东西文化，一心写宇宙文章”的现代作家。

1895年林语堂出生在福建省龙溪（今漳州），1912年入上海圣约翰大学读书。1919年秋天到哈佛大学文学系攻读硕士，由于助学金被停一度略经波折，1922年获得哈佛大学学位，后来在德国莱比锡大学获得哲学博士学位，回国后在北京大学、厦门大学任教。纵观林语堂的求学经历，他深受西方文化熏陶，中国传统文化也对他有着深刻的影响，确实是“两脚踏东西文化”。

林语堂深受中国传统道家文化的影响，追求性灵自由，闲适超脱，不拘泥于世俗法则。关于林语堂的婚姻，流传着一个浪漫的故事，从中可以看到林语堂的行事风格——林语堂和妻子廖翠凤结婚后，在征求廖翠凤的同意后，将结婚证书点燃烧毁，因为他觉得结婚证书只有离婚时才用得上，既然决定白头偕老永不分离，那为什么要留着这张结婚证书呢？烧毁结婚证书，是比海誓山盟更加动人的承诺。

1932年，林语堂创办《论语》半月刊，以“两脚踏东西文化，一心写宇宙文章”作为编写范围与态度，倡导闲适小品文创作，后来又创办了《人间世》和《宇宙风》两刊，以发表小品文为主。什么是小品文呢？小品文是散文的一种形式，通常是作者通过品味一些生活中的事，传达出一些感悟给读者，具有抒情意味或讽刺意味，篇幅较短小，因此称之为小品文。林语堂的小品文继承了晚明公安派的散文路数，并在此基础上有所创新，提倡幽默。

那么，幽默到底是啥意思呢？

“幽默”一词源于英文单词humour。英文翻译成中文有音译和意译两种方法：音译是用读音近似的汉语来翻译外语词汇，林语堂将humour翻译成“幽默”，发音相似；意译是指根据词语的语意来翻译，林语堂说：“凡善于幽默的人，其谐趣必愈幽隐；而善于鉴赏幽默的人，其欣赏尤在于内心静默的理会，大有不可与外人道之滋味。与粗鄙的笑话不同，幽默愈幽愈默而愈妙。”

林语堂对“幽默”有着众多精彩的论述，因此被称为“幽默大师”。

我们一起来看看林语堂的“林氏幽默语录”：

人生在世，还不是有时笑笑人家，有时给人家笑笑。

人生在世，幼时认为什么都不懂，大学时以为什么都懂，毕业后才知道什么都不懂，中年又以为什么都懂，到晚年才觉悟一切都不懂。

中国人得意时信儒教，失意时信道教、佛教，而在教义与己相背时，中国人会说，“人定胜天”。中国人的信仰危机在于，经常改变信仰。

绅士的演讲，应当像女孩子穿的裙子一样，愈短愈好。

一位现代中国大学教授说过一句诙谐语：“老婆别人的好，文章自己的好。”在这种意义上说来，世间没有一个人会感到绝对的满足的。大家都想做另一个人，只要这另一个人不是他现在的自己。

林语堂认为，幽默是人生的一个部分，一个国家的文化到了一定的程度，就必定会出现幽默的文学，因为幽默是一种从容不迫的达观态度。他在《论幽默》一文中，既从《诗经》《庄子》到《水浒传》中寻找出幽默的句子，挖掘中国古代典籍中的幽默脉络，又引用英国小说家麦烈蒂斯对幽默的论述，说幽默正如“常时的态度，是一种闲逸的观察，好像饱观一场，等着择肥面噬，而心里却不着急……幽默的情境是深远超脱，所以不会怒，只会笑，而且幽默是基于明理，基于道理之渗透”。

林语堂将幽默分为广义和狭义两种，在西方的用法中，广义的幽默包括一切使人发笑的文字，鄙俗的笑话也被包含在内。林语堂所推崇和提倡的是狭义的幽默，包括郁剔、讥讽、揶揄三种，最上乘的幽默应该是“心灵的光辉与智慧的丰富”，是“会心的微笑”，富有情感和技术在其中。

与鲁迅、郭沫若等提倡文学为现实斗争的左翼作家不同，林语堂并不追求批判的力度，主张站在高于现实的地方，用超脱悠闲的心境来旁观世间万物，融合东西方的智慧，写“热心冷眼看人间”的文章。比如，他对幽默的看法很有几分中国古代风流名士的味道：

幽默只是一位冷静超远的旁观者，常于笑中带泪，泪中带笑。其文清淡自然，不似滑稽之炫奇斗胜，亦不似郁剔之出于机警巧辩。幽默的文章在婉约豪放之间得其自然，不加矫饰，使你于一段之中，指不出那一句使你发笑，只是读下去心灵启悟，胸怀舒适而已。其缘由乃因幽默是出于自然，机警是出于人工。幽默是客观的，机警是主观的。幽默是冲淡的，郁剔讽刺是尖利的。世事看穿，心有所喜悦，用轻快笔调写出，无所挂碍，不作滥调，不忸怩作道学丑态，不求士大夫之喜誉，不博庸人之欢心，自然幽默。

林语堂的文字风格亦庄亦谐，追求趣味性，涉及的领域极其广泛，像是作者在和读者谈话一般，因此也被称为“谈话风”。鲁迅在1933年曾经写《小品文的危机》一文，认为小品文就像琥珀扇坠、翡翠戒指等小摆设一样，是士大夫玩赏的物件，会麻醉人的斗志，生存的小品文应该像匕首和投枪一样，和读者共同杀出一条生存的血路。但林语堂并没有听鲁迅的规劝，继续走着自己的散文之路，开辟出现代文学的另一种散文风格。

除了散文之外，林语堂在小说方面也颇有建树，长篇小说《京华烟云》几次被提名诺贝尔文学奖。1938年至1939年间，正值抗日战争时期，日本军队侵略中国，当时林语堂正在法国巴黎旅居，原本想将《红楼梦》翻译成英文，但考虑到当时的政治局势，觉得此时并非翻译《红楼梦》的好时候，于是决定写一本小说，全方位地展现中国社会风云变幻的历史面貌，让中外读者更加了解中国的形势，令中华儿女更加团结起来，众志成城地进行抗日战争。他认为作为一名爱国知识分子，在中华民族面临存亡危机时应该以作品作为最有效的武器，要让读者对历史身临其境，必须借助小说这种方式，因此写出《京华烟云》一书。

《京华烟云》开篇的题词是："全书写罢泪涔涔，献予歼倭抗日人。不是英雄流热血，神州谁是自由民。"和之前提到的张恨水的小说《金粉世家》《啼笑因缘》一样，《京华烟云》也是长篇章回体，但与张恨水的"鸳鸯蝴蝶派"小说不同的是，林语堂的《京华烟云》里虽然也有才子佳人的爱情故事，但主线是北平曾、姚、牛三个大家族从1901年义和团运动到抗日战争三十多年间的恩怨情仇，并在其中插入了袁世凯篡国、北伐战争、五四运动、二战爆发等多个历史事件，以及这些重要历史事件背后包含的中华民族的文化传统，其中涉及道家、儒家、佛家等中国哲学思想，被视为阐释东方文化的权威著作。

摘引一段《京华烟云》，让我们细细品味其中的内涵：

在这一段期间，姚大爷始终不打算搬家避难。他所答应的只是把家庭的大洋镜子，和由于好奇而买的西洋伸缩型望远镜毁了而已。他的住宅离那遭受毁灭的地区较远。他太太劝他逃离灾区，免遭杀害抢劫之祸，他却充耳不闻，想也不肯想。城外四乡都是军队。姚大爷认为一动不如一静。他相信谋事在人，成事在天，要听天由命，要逆来顺受。

他的安静淡漠引起他太太无限的反感。太太责备他是存心住在那儿与他收藏的古玩书籍庭园共存亡。可是联军已经快接近北京城，真是怕有抢劫焚烧的灾难了。他太太向他说："你若不在乎你的一条命，你也想想孩子。"

这话的力量打动了他的心，不过他仍然说："你知道在路上难道就会平安无事吗？"

小说女主人公姚木兰是林语堂心目中理想的女子形象，他曾经感慨道："若为女儿身，必做木兰也。"姚木兰出生于富家，父亲深受道家思想的影响，木兰自幼耳濡目染，聪明伶俐，率真自然，喜欢流连于山水之间。她温顺地接受了父母的安排，平静地接受命运，以欣然的态度面对生活。

小说中还刻画了众多精彩的女性形象，比如骄蛮自大的牛素云，顺从保守的孙曼妮，等等。诺贝尔文学奖获得者赛珍珠曾经给予《京华烟云》极高的评价："它实事求是，不为真实而羞愧。它写得美妙，既严肃又欢快，对古今中国都能给予正确的理解和评价。我认为这是迄今为止最真实、最深刻、最完备、最重要的一部关于中国的著作。”

除了文学成就之外，林语堂还做出过许多有趣的小发明，并且获得专利，比如可以挤出牙膏的牙刷，还有“明快中文打字机”。“明快中文打字机”值得一提——因为中文和英文在输入方面有所差别，当时尚未有适合中文输入的打字机，于是林语堂立志发明中文打字机。他不断探索研究了数十年，自费购置设备，尝试了一次又一次，不惜为此负债累累，创造出“上下形检字法”，通过这个检字法设计键盘字码，最快每分钟能输入50个字，终于1952年在美国获得了专利权，实现了他的心愿——让每个人都能通过打字机更加简明容易地输入汉字。

1948年，林语堂赴巴黎担任联合国教科文组织艺文组主任，1952年在美国与人创办《天风》杂志，1954年在新加坡筹建南洋大学，期间因为一些复杂的关系和学校董事会的人发生了争执，于是仅仅当了半年校长便卸任。1967年，林语堂在香港中文大学担任教授时，主持词典的编纂工作，拟定了词典的蓝图，每天除了休息之外，全部时间都坐在书桌前做词典编纂工作，全神贯注，极其认真地核对事项。五年后，林语堂编著的《当代汉英词典》终于出版，完成了他数十年的心愿，首创五十部首，林语堂非常自豪地认为这部词典是他写作生涯的巅峰之作，至今仍有深刻的影响。

1976年，林语堂在香港去世，八十年的人生长路走到尽头。

在充满战火硝烟的年代里，林语堂为我们展示了一种平和的心境，一种生活的智慧，在人间烟火中发现诗意和快乐，让人学会摆脱烦恼和纠结，变得通达和逍遥。

鲁迅教会我们清醒，林语堂教会我们幽默。

我们需要鲁迅，也需要林语堂。

第六章

郁达夫：苦闷的文艺男青年

北京的秋天是极美的。假若你不曾遇见秋天的北平，那也可以在郁达夫的笔下触摸最真实的北平秋天：

早晨起来，泡一碗浓茶，向院子一坐，你也能看得到很高很高的碧绿的天色，听得到青天下驯鸽的飞声。从槐树叶底，朝东细数着一丝一丝漏下来的日光，或在破壁腰中，静对着像喇叭似的牵牛花（朝荣）的蓝朵，自然而然地也能感觉到十分的秋意。

——《故都的秋》

中国自古有“伤春悲秋”的文人传统。现当代作家中以“秋”为题材的抒情散文也不在少数。然而郁达夫的这篇《故都的秋》仍然是抒情散文中的精品。说是抒情散文，但其中夹杂许多议论，郁达夫比较了南方和北方的秋天，最后发出“秋天，这北国的秋天，若留得住的话，我愿把寿命的三分之二折去，换得三分之一的零头”的感慨。写作这篇文章的时候郁达夫寓居杭州，正处于国民党“白色恐怖”之下，但他仍辗转从杭州经青岛去往北平，感受北平清清静静略带悲凉的秋天，足以见郁达夫对北京的秋天爱得有多深沉。《故都的秋》文笔十分优美，景物描写风味十足，语言工整雅致，长短句交错，极具韵律感，其中弥漫的眷恋和哀伤之感更让人久久回味。这篇散文也曾被选入人教版高中语文教材。

“五四”一代作家，郁达夫是极具特征的，被称为中国的“卢梭”。郁达夫原名郁文，字达夫。他1896年出生于浙江一个知识分子家庭。但他出生的时候家族已经破落，父亲在他三岁的时候去世。青少年时期的郁达夫贫病交加，但从小便显露惊人的才情，他七岁进入私塾学习，九岁便能赋诗。1913年，也就是他十七岁的时候，郁达夫跟随奉命赴日本考察司法制度的长兄来到日本留学。郁达夫和鲁迅、郭沫若一样，都在日本度过了十年左右的青年时光，然而三人在日本的经历和感想，接受外国文学的方式和内容又有很大不同，因此他们的文学爱好和创作个性也迥异。

1921年，郁达夫在东京与郭沫若、成仿吾等中国留学生共同创建了创造社。创造社分为前期和后期，前期创造社崇尚天才，主张自我表现和个性解放，强调文学应该忠于自己“内心的要求”，提倡“为艺术而艺术”，表现出浪漫主义和唯美主义倾向。第一次国内革命战争时期，创造社表现出“转换方向”的姿态，吸纳的新成员大部分倾向于从事革命实际工作的人。后期创造社要求文学适应革命形势的需要，面向工农大众，对“五四”以后的文学和鲁迅等作家进行批判，认为其代表资产阶级和小资产阶级，由此引发关于“革命文学”的论争。郁达夫不愿意改变自己的文艺观点乃至政治观点，于1927年退出创造社，后来又被“左联”开除。

郁达夫留学日本期间出版了我国现代文学史上第一部白话小说集《沉沦》，同名短篇小说《沉沦》收录其中。1921年，“五四”高潮期已过，郁达夫以自己的亲身经历，描绘了一系列弱国子民的留学生形象。小说里的留学生都有郁达夫本人的影子，是自身情感和经历的投射。当时的中国国弱民贫，他曾说：“在日本，我早就觉悟到了今后中国的命运，与夫四万万五千万同胞不得不受的炼狱的过程。”这种炼狱般的体验使得郁达夫苦闷之情日益加深。

《沉沦》描写了一个孤独苦闷的留日中国学生，作为“弱国子民”，他时常觉得受到屈辱，渴望纯真的友情和爱情而终不可得，即便有一颗赤子之心却敏感脆弱，最终跳海自尽。临死前他呼喊着：“祖国呀祖国，我的死是你害我的！你快富起来吧，强起来吧！你还有许多儿女在那里受苦呢！”《沉沦》中有不少关于性苦闷的描写，有人认为他揭露了青年的时代病，受日本“私小说”影响颇深；也有人认为他写作格调低下，过于色情，是“颓废文人”。

郁达夫前期小说的重要意义在于他以大胆和天真构建了一套新的价值体系，这种价值观极为前卫，因此为当世所不容。郁达夫主张“文学作品，都是作家的自序传”。他的自序传小说大胆暴露内心的欲望和苦闷，弥漫着感伤主义的格调，其中人物大多带有病态人格。郁达夫笔下的人物原始生命欲望总是得不到满足，小说氛围阴郁，读来压抑，但这就是那个年代普通青年真实的气质——他们的自我意识开始觉醒，但又无法冲破时代的牢笼；他们想要抨击传统中国，但身上又带着传统的印记无法逃脱。在狂飙突进的“五四”精神之外，还有以郁达夫为代表的“苦闷”的群体。这种“苦闷”是以消极的态度进行积极的抵抗。终其一生，郁达夫都生活在困境之中，这种困境是郁达夫的生命状态，也为他的创作提供土壤。他的敏感纤细是他的标签，他所塑造的“零余者”的形象引起一代又一代青年人的共鸣。

后期郁达夫小说逐渐转向理性节制，代表作为《迟桂花》。《迟桂花》着重塑造一个叫“莲”的农村青年妇女，她饱尝人生挫折但又永远天真活泼。这个时候的郁达夫文风清新秀丽，进入老到圆熟的境界，《迟桂花》也被认为是郁达夫在艺术上最精致成熟的小说。

郁达夫的文学成就还在旧体诗词、文艺评论等。郁达夫的旧体诗写得非常漂亮，在“五四”一代作家中位列佼佼。郁达夫存诗五百多首，其中不少是抒个人情怀，状山河名胜之作，也有大量忧国忧民的爱国诗。其中最出名的是这首：

不是樽前爱惜身，佯狂难免假成真，
曾因酒醉鞭名马，生怕情多累美人。
劫数东南天作孽，鸡鸣风雨海扬尘，
悲歌痛哭终何补，义士纷纷说帝秦。

——《钓台题壁》

《钓台题壁》写于1931年的上海，小序中讲明了作诗缘由："旧友二三，相逢海上，席间偶谈时事，怅然若失，为之衔杯不饮者久之，或问昔年走马章台，痛饮狂歌意气今安在耶，因而有作。"这首诗歌意境恢宏大气，读来令人热血沸腾，其中又多有典故，韵味悠长。郁达夫在这首诗中流露出强烈的忧国忧民之情，他不愿意佯狂，不再想要诗酒风流的生活，时局混乱，知识分子的眼泪是无用的，唯有以行动救国救民。这首诗歌无论是情感还是技巧都达到了很高的水平，成为郁达夫难以被超越的佳作。

郁达夫的儿子郁飞曾经这样评价他的父亲："我的父亲是一位有明显优点，也有明显缺点的人，他很爱国家，对朋友也很热心，但做人处事过于冲动，以至家庭与生活都搞得很不愉快。"

郁达夫是文学虔诚的信徒，也是爱的追随者。郁达夫一生有四段爱情，其中与王映霞的婚恋更是轰轰烈烈。才子佳人的爱情是一场风花雪月的浪漫，但是最终以狼狈不堪收场。郁达夫对杭州第一美人王映霞一见倾心的时候，已有家室，但他仍然爱得热烈。在写给王映霞的情书中，郁达夫说到“为你，我情愿把家庭、名誉、地位，甚至于生命，也可以丢弃，我的爱你，总算是切而且挚了”。他给王映霞的情诗写得极为不俗，其中最为人称颂的是这首“朝来风色暗高楼，偕隐名山誓白头。好事只愁天妒我，为君先买五湖舟”。柳亚子称他们为“富春江上神仙侣”，爱得轰轰烈烈，结束也颇为高调。郁达夫在报刊上发表《毁家诗纪》十九首，控诉王映霞红杏出墙，王映霞又撰文回击，这场婚姻终于走到了尽头。郁达夫的爱和恨都过于强烈，伤人伤己。离婚后他曾为王映霞继续作诗，流露悔意，但破镜终究难圆。

郁达夫日常开销很大，为赚取稿费，他写了不少游记，也因为到过许多地方，所以对各地美食也颇有研究，可谓是现代文坛的“美食家”。王映霞也曾回忆郁达夫“一餐可以吃一斤重的甲鱼或一只童子鸡”。郁达夫不仅胃口很好，而且对吃很有研究。他尤其爱吃海鲜，最爱蚌肉，并推断这就是《闽小纪》中所说的“西施舌”，写有《饮食男女在福州》等文章，大书特书各地的风味菜。

就像是郁飞所言，郁达夫对朋友极其热心。在郁达夫成名的时候，沈从文还只是一个怀揣着文学梦只身闯荡北平的愣头青，没过多久钱便花光了。绝望中沈从文开始向京城的几位名作家写信，寻求帮助。郁达夫看到信后亲自去看望沈从文，请他吃了顿饭，送他一条围巾，还写了一篇无限激愤的文章——《给一位文学青年的公开状》。在这封信里，郁达夫说："像你这样一个白脸长身，一无依靠的文学青年，即使将面包和泪吃，勤勤恳恳地在大学窗下住它五六年，难道你拿毕业文凭那一天，天上就忽而会下起珍珠白米的雨来的么？"郁达夫话虽然愤激，但他对沈从文的处境抱着深深的同情，心下不忍。沈从文一直记得郁达夫看望他的情景，他一直记得吃完饭后郁达夫拿出五块钱结了账，然后将找回的三块钱全给了自己。郁达夫还将自己脖子上的一条浅灰色羊毛围巾摘下来，掸去上面的雪花，披在自己肩上。

鲁迅批判过同时代许多作家，但唯独对郁达夫不置微词。鲁迅与郁达夫交好，他们是同乡，都家道中落、留学日本，都爱美食美酒。自两人相识以来，交往离不开饮酒。鲁迅日记有不少"达夫招饮"的记录。郁达夫日记中也有两人一起分享美酒美食的记录："午后打了四圈牌，想睡睡不着，就找鲁迅聊天，他送我一瓶绍酒，金黄色，有八九年光景。改天找一个好日子，弄几盘好菜来喝。"

郁达夫一生去过许多地方，他曾留学日本，回国后又在安徽、福建、上海长久居住，还到过山东的青岛、济南等地，抗战后到新加坡，最后迁居苏门答腊岛。

郁达夫是真诚的文学家，也是真正的爱国者。但是他在政治上的悲剧色彩不亚于其婚姻。他真切地热爱祖国，同情工人阶级和农民阶级。但是他又从来不掩饰，总是发表“不合时宜”的言论。在北伐胜利后喜气洋洋的氛围中，郁达夫毫不客气地揭露他所看到的某些革命者的投机行为。他的言论和立场受到来自“左”和“右”两个阵营的攻击。郁达夫一生颠沛流离，最后在抗战胜利后不久被日本宪兵秘密杀害于苏门答腊岛，尸骨难寻，享年五十岁。

胡适说：“郁达夫生于醇酒美人，死于爱国烈士，可谓终成正果。有此天南血迹，遂使其文字无论瑕瑜，并皆有光。”著名社会活动家胡愈之评价郁达夫：“在中国现代文学史上，将永远铭刻着郁达夫的名字。在中国人民反法西斯战争胜利的纪念碑上，也将永远铭刻着郁达夫烈士的名字。”

苦闷的心境和激烈的反抗交织一生，阴郁的文字之下是一颗滚烫的心，这就是郁达夫，一个永远的年轻人。

第七章

徐志摩：在空中飘荡的诗人

假如我是一朵雪花，
翩翩的在半空里潇洒，
我一定认清我的方向——
飞扬，飞扬，飞扬——
这地面上有我的方向。
……

——《雪花的快乐》

读完这五行诗，你的眼前是不是浮现出一个画面：一朵轻盈的雪花，正在空中快乐地飞扬飘洒？这首诗的名字叫《雪花的快乐》，由诗人徐志摩在1924年创作而成。作为现代文坛非常重要的一位诗人，徐志摩就像诗中的这朵雪花一样，在空中向着自由、理想、爱情的方向飘荡。

徐志摩的一生不长，只有三十四年，但是他将这短短的三十四年活成了一个传奇。这到底是怎样的一个故事呢？让我们来一起走进徐志摩丰富精彩的人生……

先从"志摩"这个名字说起——据说徐志摩小时候曾经被一个叫志恢的和尚摸过头，和尚预言道："此人将来必成大器。"徐志摩的父亲徐申如听完之后很高兴，本来按照族谱徐志摩的名字应该是"徐章垿"，但徐申如在徐志摩二十一岁去美国留学时给他改名为"徐志摩"，希望儿子能像志恢和尚预言所说的那样取得成就。

徐家世世代代经商，是浙江省海宁县硖石镇的富商，徐申如是清末著名的实业家，徐志摩1897年1月15日出生在这个富裕的家庭里，自小过着舒适优裕的生活，这样的家世背景使他能够自幼接受良好的教育，成为“才子型”文人的代表。

徐志摩从小天资聪慧，徐申如引以为傲。他十四岁时离开家乡到杭州，经过表叔沈钧儒介绍，考入了杭州府中学堂。读书期间他对文学和科学都很有兴趣，并在校刊上发表论文，展现了自己的才华。1915年夏天，十八岁的徐志摩考入了上海浸信会暨神学院，也就是现在的上海理工大学。

但是这位追求自由、理想、爱情的诗人在十八岁的时候不得不听从父母的安排，在1915年10月与当时上海宝山县罗店巨富的女儿张幼仪结婚。徐志摩一直觉得这桩婚姻是对自己的束缚，对妻子十分冷淡，出国留学后更是不顾一切地追求婚姻自由，1921年在张幼仪怀孕两个月的时候提出离婚，得到张幼仪同意后两人在柏林签字离婚。值得我们注意的是，这不是一桩普通的离婚事件，不是因为男主角是后来大名鼎鼎的诗人徐志摩，而是因为——这是中国历史上依据当时民法的第一桩西式文明离婚案：由男女双方达成一致意见而结束婚姻，而不是按旧习俗写休书分手。

婚姻故事先说到这儿，让我们继续来看徐志摩的求学生涯。徐志摩是个学识广博的人，1916年到天津北洋大学攻读法科，1917年北洋大学法科并入北京大学，于是徐志摩也随着转入北京大学就读，在北方上学的时候，徐志摩既学习法律，又攻读日文、法文和政治学，还有古今中外的文学。然而徐志摩并不是“两耳不闻窗外事，一心只读圣贤书”的学霸，在此期间他看到了当时中国军阀混战的场景，目睹屠杀无辜的惨象，他决定到国外读书，寻找改变这些状况的办法，实现他心中“理想的革命”。

1918年徐志摩奔赴美国，在美国的大学学习过社会学、历史学、哲学、心理学等，知识结构非常宽广。紧接着1919年五四运动爆发了，虽然徐志摩在国外，但作为一名热爱祖国的知识分子，他常常参加当地留学生组织的爱国活动，阅读《新青年》《新潮》等杂志，学习兴趣从政治转向文学，然后取得了文学硕士的学位。

作为一朵雪花一样在空中飘荡的诗人，徐志摩在美国并没有停留很久，两年后他对美国讲求物质利益的生活感到厌倦，开始被英国哲学家罗素吸引，决定追随罗素求学。可是不巧的是，罗素个人生活发生了一些意外的变故，致使徐志摩没能达成跟随罗素学习的夙愿。但徐志摩通过他人的介绍进入了康桥大学（现在的剑桥大学）皇家学院就读。在康桥的两年受到西方教育的熏陶和欧美浪漫主义、唯美派诗人的影响，开始创作新诗，徐志摩喜欢的对象不再是政治家汉密尔顿，而是浪漫主义诗人雪莱和拜伦。

康桥！山中有黄金，天上有明星，
人生至宝是情爱交感，即使
山中金尽，天上星散，同情还
永远是宇宙间不尽的黄金
……

——《康桥再会吧》

这首《康桥再会吧》是徐志摩1922年离开英国前夕写下的诗歌，从中可以读出徐志摩对康桥深深的眷恋，对于徐志摩而言，康桥是他永远的精神故乡。正是在这里，他的心智和艺术天赋得到了开启，回国之后开始在报刊上发表大量诗文。出于对印度诗人泰戈尔诗集《新月集》的兴趣，和志同道合的友人创办了“新月社”，后来又创办了《晨报诗刊》，形成了中国现代文学中的重要诗歌流派——新月诗派。

徐志摩的诗注重灵魂的表达、美的诠释，认为诗歌应该用灵魂说话，并感动其他的灵魂。让我们通过徐志摩的一首代表作《偶然》来体会：

我是天空里的一片云，
偶尔投影在你的波心——
你不必讶异，
更无须欢喜——
在转瞬间消灭了踪影。
你我相逢在黑夜的海上，
你有你的，我有我的，方向；
你记得也好，
最好你忘掉，
在这交会时互放的光亮！

和《雪花的快乐》相似，《偶然》这首诗的字里行间也散发着灵动的飘逸感。一朵云和另一朵云在空中相遇，在短暂的时间里彼此释放出光亮，这偶然的相逢和交会，成为难以忘怀的记忆，在心中成为永恒。“不必讶异，更无须欢喜”，人与人的缘分也许便是如此。徐志摩用精致隽永的诗句写出了灵魂深处的感受。

据说这首《偶然》是写给林徽因的，徐志摩在英国游学期间认识了林徽因和她的父亲林长民。林长民在那个时期的政界拥有重要影响力，林徽因是当时著名的名门闺秀，美貌与才情均为人称道，使得徐志摩颇为倾心，创作出《月夜听琴》《草上的露珠儿》等多篇诗歌，表现自己对爱情的追求和人生理想。但是后来林徽因经过仔细考虑后，没有和徐志摩在一起。这首《偶然》中蕴含着徐志摩对两人短暂相恋后分手的感悟，一见倾心而又理智地各自走向各自的方向，美好的感觉在记忆中成为永恒。

后来徐志摩认识了他的第二任妻子陆小曼，陆小曼是一位女画家，并且擅长戏剧，在当时的社交界颇为有名。徐志摩与陆小曼相识时陆小曼已经结婚，然而这并没有阻止两个追求浪漫爱情的人陷入热恋。顶着巨大的压力，徐志摩在陆小曼离婚后与她结婚。徐志摩在日记和书信中记录了这段倾城之恋，在他去世后由陆小曼整理结集为《爱眉小札》，词句华美，情感真挚，淋漓尽致地描绘出两颗心的碰撞，同时也彰显了徐志摩的散文才华。

徐志摩的父亲徐申如对陆小曼极为不满，拒绝再给徐志摩经济帮助。为了继续维持优渥的生活，徐志摩不得不同时在光华大学、东吴大学、大夏大学三所学校讲课，课余还赶写诗文，以赚取稿费。1928年11月，徐志摩第三次去欧洲，到康桥大学旧地重游，本来想悄悄去找英国朋友，可惜朋友不在，只有在熟悉的康桥旁边一个人静静等待，望着康桥的水波回想起旧日生活的点点滴滴。后来在回国的途中，徐志摩写下了他著名的诗篇《再别康桥》：

悄悄是别离的笙箫；
夏虫也为我沉默，
沉默是今晚的康桥！

悄悄的我走了，
正如我悄悄的来；
我挥一挥衣袖，
不带走一片云彩。

整首诗情景交融，优美的意象像涟漪一样缓缓荡漾开来，对康桥的景色和旧日的生活充满留恋的感伤。诗歌形式齐整，带着满满的节奏感和韵律感，读起来轻盈婉转，抑扬顿挫。洋溢着浓浓的惆怅，但又带着“不带走一片云彩”的洒脱，是徐志摩诗歌主张的集中体现，也是徐志摩诗歌艺术的巅峰发挥。

可惜天有不测风云，人有旦夕祸福。1931年11月19日，徐志摩从南京飞往北平的飞机在大雾中难辨航向，与山相撞，坠入山谷后机身起火，机上人员全部遇难身亡。徐志摩就此离开了人世，年仅三十四岁，如此年轻，不禁令人唏嘘。

蔡元培为徐志摩写的挽联精练地概括了徐志摩诗一样的一生：“谈话是诗，举动是诗，毕生行径都是诗。诗的意味渗透了，随遇自有乐土；乘船可死，驱车可死，斗室生卧也可死，死于飞机偶然者，不必视为畏途。”

作为一位像雪花又像云朵一样在空中飘荡的诗人，徐志摩死于空中，结束了他短暂却丰富多彩的一生，留给我们许多优美动人的诗句，也留下了一个动荡时代知识分子追求理想的心路历程，由后人推敲探索。

第八章

老舍：老北京的悲欢离合

他是中华人民共和国第一位获得“人民艺术家”称号的作家。

他有一个亲切憨厚的笔名——老舍。

老舍，原本名叫舒庆春，1899年立春时节出生在北京，因此父母给他取名为“庆春”。上学之后，他自己将姓氏“舒”字拆分成“舍”和“予”两个字，改名为“舒舍予”，意味着舍弃自我，后来则直接以“老舍”作为笔名。

老舍是满族人，满族有一种社会生活军事组织形式，叫八旗制度，分为正黄旗、镶黄旗、正白旗、镶白旗、正红旗、镶红旗、正蓝旗、镶蓝旗，正红旗在清末是人口最少的一个旗，老舍属于正红旗，因此保留着一些满族文化传统和生活习惯，后来老舍写的自传体小说《正红旗下》记录了儿时的民族记忆。

老舍出生于一个城市贫民家庭，父亲是一名满族的护军，在八国联军攻打北京时死于一场巷战之中，靠母亲替别人洗衣服做活来维持全家人的生计，因此老舍自幼熟悉城市贫民生活，懂得下层人民的苦痛。1908年，九岁的老舍得到一笔资助费，才得以开始进入私塾读书，十四岁时考入京师第三中学，几个月后因为经济困难退学，但老舍成绩很好，退学后不久考到了公费的北京师范学校，继续读书。1918年7月毕业后，先后当过小学校长，做过京师郊外劝学所劝学员等。1921年发表了短篇处女作《她的失败》，短短七百字左右，写一个小姐和丫鬟的对话，涉及女性解放，颇有几分“鸳鸯蝴蝶派”的风格。老舍早期的练笔之作与后来的作品有着较大的区别，可见作家都是后天一点一点地练成的，没有人一蹴而就，从一开始就能写得那么成熟。

1924年，老舍到英国伦敦大学东方学院任教，真正开始了他的创作生涯，1926年写完《老张的哲学》，1927年写完《赵子曰》，1929年写完《二马》，三部皆是颇具影响的长篇小说。老舍深受英国作家狄更斯的影响，擅长用幽默的讽刺手法书写市民生活，既抒发对现实的不满，又有自我解嘲的意味，将北京方言进行提炼，语言通俗易懂又简洁凝练。

1930年老舍从英国返回中国，先后在济南的齐鲁大学和青岛的山东大学任教，在此期间认识了胡絜青，两人情投意合，等到胡絜青毕业后，两人结为夫妇，婚后患难与共。1936年，老舍发表的《骆驼祥子》，表现被侮辱被损害的人的奋斗与挣扎，为现代文学史的杰出作品之一。

你有没有在马路上见过三轮车？前面由拉车的人驾驶，后面可以坐乘客，现在的三轮车大多被改造成机动的，拉车的人只要控制方向和速度就可以，但在那个时期，全靠拉车的人全身用力才能行驶。《骆驼祥子》的主人公祥子就是这样一个靠出卖自己力气的辛苦钱来维持生计的车夫。

祥子起初是一个破产的青年农民，从农村来到城市，最大的梦想就是靠自己的辛勤劳动买一辆属于自己的车。他省吃俭用三年，流着数不清的汗水，终于凑足了一百块钱，买了一辆新洋车，成为理想中的“自由车夫”，结果刚拉半年，车便在兵荒马乱中被掳走。他从头再来，继续拼命拉车，结果被孙侦探敲诈，钱又被掠夺走了。车厂厂主的泼辣女儿虎妞“爱上”了祥子，祥子用虎妞的积蓄买了一辆二手车，后来因为虎妞难产去世，祥子又不得不卖了这辆车为虎妞办理丧事。梦想连续被无情的现实摧毁，祥子艰难地继续在人生道路上前行，没想到又受到了致命一击——妻子虎妞去世后，祥子和邻居家的女儿小福子情投意合，小福子为了养活父亲和弟弟，被迫成为妓女，最后无法忍受这样的生活，上吊自尽。祥子彻底精神崩溃，走上了堕落之路。

入了秋，祥子的病已不允许他再拉车，祥子的信用已丧失得赁不出车来。他作了小店的照顾主儿。夜间，有两个铜板，便可以在店中躺下。白天，他去作些只能使他喝碗粥的劳作。他不能在街上去乞讨，那么大的个子，没有人肯对他发善心。他不会在身上作些彩，去到庙会上乞钱，因为没受过传授，不晓得怎么把他身上的疮化装成动人的不幸。作贼，他也没那套本事，贼人也有团体与门路啊。只有他自己会给自己挣饭吃，没有任何别的依赖与援助。他为自己努力，也为自己完成了死亡。他等着吸那最后的一口气，他是个还有口气的死鬼，个人主义是他的灵魂。这个灵魂将随着他的身体一齐烂化在泥土中。

——《骆驼祥子》

原本想自食其力的上进青年，最后却在现实的打击下一步一步走上颓废罪恶的道路，世界如此之大，却没有祥子的立足之地，这既是祥子的人生悲剧，也是那个时代的社会悲剧。老舍在作品中写道：“雨下给富人，也下给穷人；下给义人，也下给不义的人。其实雨并不公道，因为下落在一个没有公道的世界上。”罪恶的旧社会造就了那个不公的世界，祥子像骆驼一样，淳朴善良，勤奋节俭，却被黑暗的社会一点点地吞噬，在历史的长河中有太多的小人物走着这样艰难曲折的道路。值得注意的是，老舍并没有仅仅将祥子的悲剧完全归结于社会，也刻画了祥子个人的性格弱点，写出了一个立体化的主人公形象，同时在叙事过程中融入北京的风俗民情，带着浓郁的京味特色。

即使在沉重的《骆驼祥子》中，老舍仍不时笔风带着幽默。他是一个很有幽默感的作家，而且十分谦虚。当时流行作家的跨文体写作，即一个作家在小说、散文、诗歌、戏剧等几个领域皆有成绩，擅长多种体裁。有文艺青年曾向老舍请教如何写诗，老舍自谦说不会写诗，但在众人的热切期待中，只好随口吟了一首：“大雨洗星海，长虹万籁天；冰莹成舍我，碧野林风眠。”每句诗的前两个字是一个人的名字，后三个字又是另一个人的名字，这些人都是在当时为人称道的文艺家，老舍构思巧妙，对仗工整，意象鲜明，意境开阔，可见老舍才思敏捷，简直令人拍案叫绝。

1937年日本侵华战争全面爆发，日军入侵山东，许多人纷纷逃难离去，老舍当时已经是颇具名气的作家，如果继续留在济南，有被逼迫成为汉奸的风险，可是当时老舍和胡絜青的三个孩子均十分幼小，况且家中还有老人在，如果老舍离家而去，那么这些重担将都留给胡絜青一个人承担。老舍陷入了痛苦的纠结之中，胡絜青非常理解丈夫，尽管她平日里并不是胆大的人，但仍支持老舍离开。在老舍从济南离去的那天，漫天飞机在不停地鸣叫，街上的铺子都关上了门，人心惶惶，恐慌到了极点，胡絜青却坚强地忍住了泪水，镇定沉静地帮老舍打理行李。她知道必须要放丈夫走，不然日本人到来后会逼迫他——倘若他顺从了日本人，便是千夫所指的汉奸；倘若他不肯顺从，会被日本人实施酷刑，面临着丧失生命的危险——无论哪种状况都是她不想看到的，于是她必须选择支持他走。

老舍这一走就是六年，六年之间虽然他想将妻子和儿女接到自己身边，但是他凑不够路费，无奈之下只能夫妻分离、骨肉难以团聚。在这六年里，老舍被选为中华全国文艺界抗敌协会（简称“文抗协会”）总务部主任，主持“文抗协会”的日常会务，并且代表“文抗协会”出席一些对外活动，用文学为抗日做出贡献。

1939年，老舍四十岁生日时，写了一篇颇为有趣的自传，从中可以看出老舍乐观爽朗的性格以及深厚的文学功力：

舒舍予，字老舍，现年四十岁，面黄无须。生于北平。三岁失怙，可谓无父；志学之年，帝王不存，可谓无君。无父无君，特别孝爱老母，布尔乔亚之仁未能一扫空也。幼读三百篇，不求甚解。继学师范，遂奠教书匠之基，及壮，糊口四方，教书为业，甚难发财，每购奖券，以得末彩为荣，示甘于寒贱也。二十七岁发愤著书，科学哲学无所懂，故写小说，博大家一笑，没什么了不得。三十四岁结婚，今已有一男一女，均狡猾可喜。闲时喜养花，不得其法，每每有叶无花，亦不忍弃。书无所不读，全无所获并不着急。教书作事均甚认真，往往吃亏，亦不后悔。如此而已，再活四十年，也许有点出息。

——《老舍自传》

令人惋惜的是，老舍并没有像结尾所写的那样“再活四十年”；但令人欣慰的是，老舍在四十岁之后，写出了令后人铭记的作品。《四世同堂》是老舍20世纪40年代写出的一部长达百万字的著作，以祁、钱两家人的遭遇为主线，展现了抗日战争期间作为沦陷区的北平人民的灾难和痛苦，并且剖析了国民精神境遇，刻画出许多生动的人物形象。老舍自己非常喜欢《四世同堂》这部小说，认为《四世同堂》是他“从事写作以来最长的、可能也是最好的一本书”。

1950年，老舍创作表现北京可喜的新变化的话剧《龙须沟》，获北京市人民政府授予“人民艺术家”的称号。“人民艺术家”是对全心全意为人民服务的艺术家的一种称赞，老舍几十年来辛勤写作，作品十分接地气，反映劳动人民的生活状态和精神面貌，受到广大人民的欢迎，被称为“人民艺术家”当之无愧。

1953年，老舍当选为全国文学艺术界联合会主席和中国作家协会副主席，在文学界享有很高的声望。

1957年，老舍的话剧作品《茶馆》发表在重要文学杂志《收获》创刊号上，以“图卷戏”的形式，分为三幕，分别描绘了戊戌变法、北洋军阀、中华人民共和国成立前夕三个历史时期的社会变化，三幕皆发生在老北京的裕泰茶馆中，但风云变幻，沧海桑田，形象深刻地展示了社会面貌的巨变和人物生活命运的变迁。掌柜的王利发是贯穿全剧的人物，作为一个精于处世的“老北京”，他不断与各路人周旋，希望能在乱世里保全自己的身家财产，却最终无法避开破产的命运。王利发、常四爷、秦仲义三个老人互相诉说着自己的不幸，含着眼泪为自己撒起纸钱：

王利发：哪儿不一样呢！秦二爷，常四爷，我跟你们不一样：二爷财大业大心胸大，树大可就招风啊！四爷你，一辈子不服软，敢作敢当，专打抱不平。我呢，做了一辈子顺民，见谁都请安、鞠躬、作揖。我只盼着呀，孩子们有出息，冻不着，饿不着，没灾没病！可是，日本人在这儿，二栓子逃跑啦，老婆想儿子想死啦！好容易，日本人走啦，该缓一口气了吧？谁知道，（惨笑）哈哈，哈哈，哈哈！

常四爷：我也不比你强啊！自食其力，凭良心干了一辈子啊，我一事无成！七十多了，只落得卖花生米！个人算什么呢，我盼哪，盼哪，只盼国家像个样儿，不受外国人欺侮。可是……哈哈！

秦仲义：日本人在这儿，说什么合作，把我的工厂就合作过去了。咱们的政府回来了，工厂也不怎么又变成了逆产。仓库里（指后边）有多少货呀，全完！哈哈！

在这三段对话之中，我们可以领会到老舍通俗易懂的语言风格。茶馆是一个浓缩的小世界，在茶馆中，形形色色的人粉墨登场，演绎着自己的喜怒哀乐，幽默讽刺，却又深沉悲哀，让观众看完笑中带泪，泪中带笑。

著名话剧家曹禺说：“《茶馆》是中国话剧史上的瑰宝，第一幕是古今中外剧作中罕见的第一幕。”1958年3月，《茶馆》第一次在北京人民艺术剧院首都剧场公演，反响强烈，至今仍然长盛不衰。

老舍在1938年加入全国文艺界抗敌协会时的入会誓词中写道：“我是文艺界中的一名小卒，十几年来日日操练在书桌上与小凳之间，笔是枪，把热血洒在纸上。可以自傲的地方，只是我的勤苦；小卒心中没有大将的韬略，可是小卒该做的一切，我确是做到了。以前如是，现在如是，希望将来也如是。在我入墓的那一天，我愿有人赠给我一块短碑，上刻：文艺界尽责的小卒，睡在这里。”

谦逊正是使得老舍从平凡走向辉煌的宝贵品质。1978年，老舍被安葬在北京八宝山革命公墓，白色的汉白玉墓碑上刻着的正是这十二个字：“文艺界尽责的小卒，睡在这里。”

此时此刻，让我们一起，向这位可亲可敬的人民作家致敬。

第九章

丰子恺：一文一画走江湖

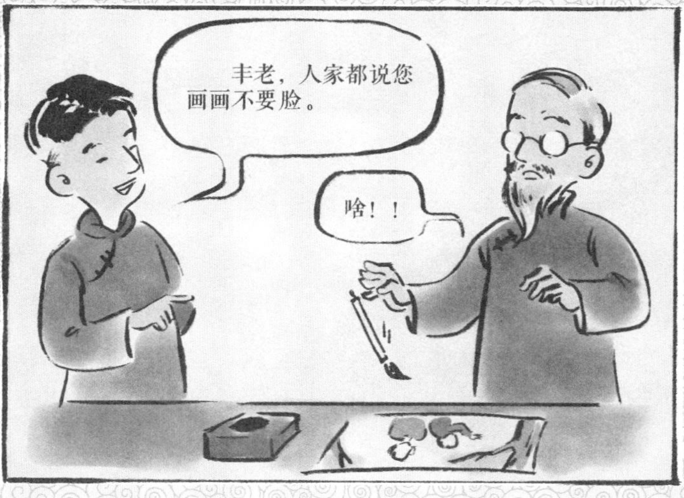

丰子恺是一个拥有童心的人。

看他笔下的漫画，例如《阿宝赤膊》，一个梳着齐刘海的小姑娘，穿着可爱的红色格子裙，双臂交叉置放在胸前，脸上却没有五官，是一片空白，表情可以是娇憨的，可以是羞涩的，可以是调皮的，也可以是生气的——给人留下丰富的想象空间。有人说："丰子恺画画不要脸。"丰子恺自己第一次看到这句评论时大吃一惊，仔细看完评论者的分析后会心一笑——确实，丰子恺画画"不要脸"，就像这张《阿宝赤膊》，阿宝虽然没有露出脸，但仍然惟妙惟肖，画面中洋溢着活泼的童趣。

读他笔下的文字，例如《忆儿时》："他拿了他的米粉菩萨逃，我就拿了我的米粉菩萨追。追到排门旁边，我跌了一跤，额骨磕在排门槛上，磕了眼睛大小的一个洞，便晕迷不省。等到知觉的时候，我已被抱在母亲手里，外科郎中蔡德本先生，正在用布条向我的头上重重叠叠地包裹。"让我们仿佛看到了两个小男孩在嬉戏玩耍，一个小男孩不小心摔倒，委屈兮兮地被大夫包裹伤口，场景鲜活有趣。

丰子恺用他的漫画和文字，描述着一个天真无邪的儿童世界，那里是普通日常的生活，充满了童稚的情趣，让人看到后心里暖洋洋的，像春风拂过心尖。

丰子恺是浙江桐乡人，1898年出生，家中有六个姐姐，所以他出生后，父母非常喜爱他，取名丰润。那么丰子恺这个名字从何而来呢？说来话长……浙江话“润”字读音与“仁”字差不多，在丰子恺读小学时，老师让他用笔画尽量少的字作为名字，于是改名“丰仁”。在浙江第一师范学校读书时，因为丰子恺善于写文章，国文时常得第一名，受到国文老师的器重，老师给他取名“子颛”，“颛”是安静的意思，后来改为“子恺”。

在丰子恺读书时，有两位老师对他的一生有着深刻的影响。一位是李叔同，一位是夏丏尊。丰子恺说，李叔同对他的教育方式是“爸爸般的教育”，夏丏尊则是“妈妈般的教育”。这其中有什么具体的分别呢？

李叔同是写下“长亭外，古道边，芳草碧连天”的作者，是我国著名的音乐家、书法家，后来剃度为僧，被后世人尊称为“弘一法师”。丰子恺在浙江第一师范学校上学时，李叔同是他的音乐老师，他充满艺术魅力的课程让丰子恺心动，让丰子恺懂得了音乐、美术之美，李叔同对他的鼓励也促使他走上了艺术的道路。李叔同皈依佛门后，丰子恺也不断加深对佛教精神的理解，以佛家眼光观摩世间万事万物，心境平和淡泊，文字也增添了禅味禅理，形成了自己的风格。1918年，在李叔同出家为僧后，丰子恺写了《怀念李叔同先生》一文，怀念恩师李叔同多年来的谆谆教诲：

我二年级时，图画归李先生教。他教我们木炭石膏模型写生。同学一向描惯临画，起初无从着手。四十余人中，竟没有一个人描得像样的。后来他范画给我们看。画毕把范画揭在黑板上。同学们大都看着黑板临摹。只有我和少数同学，他的方法从石膏模型写生。我对于写生，从这时候开始发生兴味。我到此时，恍然大悟：那些粉本原是别人看了实物而写生出来的。我们也应该直接从实物写生入手，何必临摹他人，依样画葫芦呢？于是我的画进步起来。

夏丏尊是现代优秀的散文家，写过散文名篇《白马湖之冬》，他是我国语文教学的奠基者，提倡使用通俗易懂的白话文，真实地表达自己的感受。夏丏尊当时教授国文课，极力主张改革，摒除学生写无用的废话习惯。当时有一个学生写父亲去世后他回去奔丧，习惯性地用文言写法——“星夜匍匐奔丧”，夏丏尊在课堂上分析这篇作文，笑着问道：“你那天晚上真的是在地上爬去的？”全班同学哄堂大笑，那名学生也很不好意思。夏丏尊让丰子恺明白了写文章完全不需要遵循方法套路，要有自己的主张和见解，充分发挥才能。

丰子恺在绘画方面也得到了夏丏尊的指导和鼓励，

丰子恺的画起初都以人物为主，画得虽然已有成就，却难以找到进一步突破之处。夏丏尊写信给丰子恺说，中国的人物画分为两种，一种以人物为主，另一种以人物为辅，但两种之外应该还有第三种，即背景与人物并重的画。他劝丰子恺可以试试这个路径，不仅能在报刊上发表，而且能悬挂在墙壁上，更有出路。这些对丰子恺20世纪40年代画风转型具有重要的启发。在夏丏尊去世后，丰子恺写下《悼夏丏尊先生》缅怀：

夏先生则不然，毫无矜持，有话直说。学生便嬉皮笑脸，同他亲近。偶然走过校庭，看见年纪小的学生弄狗，他也要管："为啥同狗为难！"放假日子，学生出门，夏先生看见了便喊："早些回来，勿可吃酒啊！"学生笑着连说："不吃，不吃！"赶快走路。走得远了，夏先生还要大喊："铜钿少用些！"学生一方面笑他，一方面实在感激他，敬爱他……夏先生后来翻译的《爱的教育》，风行国内，深入人心，甚至被取作国文教材。这不是偶然的事。

1919年，丰子恺从浙江第一师范学校毕业，和同学一起创办了上海专科师范学校，并担任图画教师。1921年到日本短期考察，学习绘画、音乐和外语。1922年回国到浙江上虞的一所中学教授图画和音乐，像他的老师李叔同一样，将艺术之美传达给更多的学生。

1927年，丰子恺皈依弘一法师李叔同，正式成为佛教信徒，在自己的寓所里举行了仪式。丰子恺请弘一法师为自己的寓所取一个名字，他听从弘一法师的吩咐，在纸片上写了许多自己很喜欢又可以相互搭配的文字，团成小纸球，一起放置在释迦牟尼画像前的供桌上。丰子恺抓了两次，拆开之后都是“缘”字，于是寓所名字便为“缘缘堂”。

1931年，丰子恺重要的散文作品集《缘缘堂随笔》由开明书店出版，包含多篇散文，内容大多是书写日常生活，表达自己的人生见解，充满了佛理和禅思。比如在《美与同情》中，丰子恺认为，世间万事万物，在每个人眼中呈现出不同的模样，比如一棵树，园丁会去探究它生长得如何，是否需要浇水、修剪；木匠会去研究它的材质，看它适合打造成什么样的器具；而画家则会去欣赏它的美，仔细端详它的形状、色彩、姿态，摆脱它的实用价值。因此一枝枯木，一块怪石，在实用上全无价值，在画家眼中却充满美丽，艺术家眼中的世界是一个平等的世界，给世间万物以同样的关爱和热情。丰子恺以艺术家的视角来看待世界，再将他眼中的世界用文字记录下来，形成了别具一格的散文风格。

丰子恺曾经翻译日本作家夏目漱石的《旅宿》。《旅宿》描绘了一个超凡脱俗的美丽世界，那么浪漫，又那么梦幻。丰子恺把夏目漱石当作知己，曾经感叹道："知我者，其唯夏目漱石乎？"和夏目漱石相似，丰子恺也倾心于那样一个理想的纯真世界，倾心于彻底真实纯洁的儿童生活，《缘缘堂随笔》中的《儿女》《给我的孩子们》在字里行间中都显现出这样的渴望，文字细腻率真，颇有艺术韵味：

我每次剃了头，你真心地疑我变了和尚，好几时不要我抱。最是今年夏天，你坐在我膝上发现了我腋下的长毛，当作黄鼠狼的时候，你何等伤心，你立刻从我身上爬下去，起初眼瞪瞪地对我端相，继而大失所望地号哭，看看，哭哭，如同对被判定了死罪的亲友一样。你要我抱你到车站里去，多多益善地要买香蕉，满满地擒了两手回来，回到门口时你已经熟睡在我的肩上，手里的香蕉不知落在哪里去了。这是何等可佩服的真率、自然与热情！大人间的所谓"沉默""含蓄""深刻"的美德，比起你来，全是不自然的、病的、伪的！

文如其人，生活中的丰子恺是一个充满童心的人，他非常喜欢小孩子，自己有七个子女。大女儿叫阿宝，有一次，阿宝端详着一张四只脚的凳子，想了想，脱下自己崭新的小鞋子，套在了凳子脚上，开心地欢呼："阿宝两只脚，凳子四只脚。”阿宝的母亲怕阿宝脱了鞋子后会弄脏袜子，将阿宝抱到床榻上，并且摘下凳子脚上的袜子。一旁的丰子恺很喜欢女儿调皮的创意，觉得太太“何等煞风景且野蛮”。

丰子恺很会教育孩子，七个子女皆多才多艺，学有所成。他常常抓住生活中的小细节，对孩子言传身教。他要求孩子们背诵古诗词，小女儿丰一吟有段时间对古诗词不感兴趣，背得很痛苦，丰子恺在炎热的夏天夜晚戴着老花镜，将《离骚》抄在扇子上面，这样小女儿就可以一边扇扇子一边背《离骚》了。丰子恺在教育孩子方面非常仔细用心，也在孩子们的日常生活中寻找到很多的创作灵感，适合用文字表达的便写成散文，适合用形象表达的便绘成漫画，因而他的散文通常极具画面感，将一个个场景描写得栩栩如生。

1933年，缘缘堂在丰子恺的故乡——浙江省桐乡县建造完毕，这座宅院环境清幽雅致，既是丰子恺的生活场所，又是他的精神家园，丰子恺多次撰文描述缘缘堂，许多散文集也以缘缘堂为名，比如《缘缘堂再笔》《缘缘堂续笔》《缘缘堂新笔》等。1938年，缘缘堂被日军焚毁，当时丰子恺流亡在江西，得知这一消息后怒斥日军的残暴行为。他在心里时时刻刻怀念着他的缘缘堂，在抗日战争胜利后，回到缘缘堂原来所在地凭吊，感慨世事变化之快，怀念这片曾经的乐园。值得欣慰的是，多年后，桐乡市政府和新加坡佛教总会的广洽法师一起捐资，在缘缘堂遗址处重建了一座缘缘堂，丰子恺先生当时已经去世，倘若他泉下有知，想必会露出欣喜的微笑吧。

丰子恺不仅仅是作家、画家，也是一位书法家，他对真性情和趣味性的追求同样贯彻到书法之中，写字注重小、巧、精、秀、拙，字迹既活泼潇洒，又古朴遒劲。丰子恺的朋友——美学家朱光潜曾经说："书画在中国本来有同源之说，子恺在书法上下过很久的功夫。他近来告诉我，他在习章草，每遇在画方面长进停滞时，他便写字，写了一些时候之后，再丢开来作画……讲书法的人都知道笔力须经过一番艰苦训练才能沉着稳重，墨才能入纸，字挂起来看时才显得生动而坚实……"丰子恺的一些画作上题有文字，书法和漫画的风格浑然一致，相得益彰，让我们钦佩不已。

1949年以后，丰子恺在上海的书法协会、美术协会担任一些职务，同时做了许多翻译工作，翻译了屠格涅夫《猎人笔记》、日本古典名著《源氏物语》等。1966年，他的身体每况愈下，患了肺癌。在此期间，他仍然继续从事翻译和绘画工作，还写出了《缘缘堂续笔》中的33篇作品，翻译了几本日本古典文学，创作了《护生画第六集》中的百余幅图，直到1975年9月15日溘然长逝。

第十章

朱自清：令人难忘的背影

你有没有留心观察过父亲的背影？

是宽阔的，还是瘦削的？是轻盈的，还是沉重的？

父亲的背影给朱自清留下了深刻的印象，他曾经写过一篇散文《背影》，讲述他从南京到北京上学时父亲送他去火车站的事。那时朱自清祖母过世，父亲又失去工作，要去南京找工作，虽然忙得团团转，但仍然放心不下，专门抽身去送朱自清。父亲叮嘱了他很多，比如路上要小心，夜里要警醒，不要受凉，等等。朱自清当时心里感到很不耐烦，觉得自己能照顾好自己，父亲没必要啰啰唆唆地嘱咐这些。到了火车站后，他催促父亲离开，父亲却说要帮他去买几个橘子。朱自清详细地描写了父亲买橘子过程中的身影：

走到那边月台，须穿过铁道，须跳下去又爬上去。父亲是一个胖子，走过去自然要费事些。我本来要去的，他不肯，只好让他去。我看见他戴着黑布小帽，穿着黑布大马褂，深青布棉袍，蹒跚地走到铁道边，慢慢探身下去，尚不太难。可是他穿过铁道，要爬上那边月台，就不容易了。他用两手攀着上面，两脚再向上缩；他肥胖的身子向左微倾，显出努力的样子。这时我看见他的背影，我的泪很快地流下来了。我赶紧拭干了泪。怕他看见，也怕别人看见。我再向外看时，他已抱了朱红的橘子往回走了。过铁道时，他先将橘子散放在地上，自己慢慢爬下，再抱起橘子走。到这边时，我赶紧去搀他。他和我走到车上，将橘子一股脑儿放在我的皮大衣上。于是扑扑衣上的泥土，心里很轻松似的，过一会儿说："我走了，到那边来信！"我望着他走出去。他走了几步，回过头看见我，说："进去吧，里边没人。"等他的背影混入来来往往的人里，再找不着了，我便进来坐下，我的眼泪又来了。

这篇文章后来被选入了语文教材。年少时我们也许不曾离开过父母和家，不太理解朱自清笔下的父亲深沉的情感，未必能体会到这种朴实却深切的对孩子的关怀。但长大之后，我们会越来越被这段文字感动。朱自清写得如此细腻，又如此真挚，将父亲的背影镌刻成一幅温馨又伤感的画面，那胖胖的、青布棉袍黑布马褂背影，随着这篇饱含深情的文章，留在了文学史之中。

朱自清的父亲朱鸿钧是个读书人，曾经在县镇做官。朱自清出生于1898年，是家中长子，从小被父亲寄予厚望。朱自清小时候，新式教育刚刚兴起，但朱鸿钧是旧式文人，并不信任新式学校的教学方法，将朱自清送到秀才或者举人处学习古文和诗词，在这种氛围下，朱自清逐渐养成了"整饬而温和、庄重而矜持"的文人气质。

1916年，朱自清十八岁，中学毕业后考入北京大学预科，1917年升入本科哲学系。这一年冬天，朱自清的祖母去世，朱自清和父亲一起回家奔丧，借钱办完丧事后朱自清返回北京上学，这篇《背影》正是写于这个时候。

1916年年底，朱自清听从父母之命，娶了自己的第一任妻子武钟谦。虽然朱自清和武钟谦之间是父母包办的旧式婚姻，但婚后生活很幸福，夫妻之间感情十分融洽。武钟谦性情温和沉静，善于持家，两人在共同度过的十二年间，生育了六个子女，最小的儿子不幸夭折于襁褓中。

武钟谦倾尽心血照顾朱自清和五个孩子，学会洗手做羹汤和缝补衣裳。她知道朱自清最爱书，在兵荒马乱的逃难时仍带着他的许多箱书。别人说她傻，她却说："没有书（朱自清）怎么教书？况且他又爱这个玩意儿。"和朱自清在一起的时候，无论生活多么艰苦，武钟谦从来没有发过脾气，连怨言都不曾有过。令人惋惜的是，武钟谦太过操劳，最后积劳成疾，身患肺病最后不治而亡。朱自清一直深深怀念着武钟谦，在武钟谦去世三年的时候，写了一篇《给亡妇》，回忆两人过去十二年生活的点点滴滴，字字情真意切，催人泪下。

朱自清是一个非常具有爱国情怀的文人，在北京大学读书期间，参加了邓中夏发起组织的平民教育讲演团，传播新思想，后来又参加了五四爱国学生运动。1919年出版了第一部诗集《睡吧，小小的人》。1921年参加了中国新文学时期最重要的文学社团——文学研究会。1922年，在和友人畅游西湖时，望着四周迷茫的湖光山色，朱自清心情激荡，写下了长诗《毁灭》，我们在这里截取最后几句来感受一下：

我要一步步踏在泥土上，
打上深深的脚印！
虽然这些印迹是极微细的，
且必将磨灭的，
虽然这迟迟的行步
不称那迢迢无尽的程途，
但现在
既平常而又渺小的我，
只看到一个个分明的脚步，
便有十分的欣悦——
那些远远远远的
是再不能，也不想理会了。
别耽搁吧，
走！走！走！

长诗展现了朱自清当时复杂的心路历程，在时代浪潮中犹豫不决，徘徊颓唐，但内心深处又存在着向往，在彷徨之后终于下定决心，一步步踏踏实实地向前走，不畏艰难苦痛，向着目标坚定地前行。从前的“旧我”在思考过程中毁灭，未来的“新我”在思考过程中诞生。朱自清在《短诗与长诗》中写道：“长诗底意境或情调必是复杂而错综，结构必是曼衍，描写是委曲周至。”在《毁灭》中，朱自清通过创作实践了这一主张，感情依次递进，韵律工整自然，思想性与艺术性兼备。

1923年，朱自清到温州的一所学校担任国文老师，他的学生陈天伦回忆，当时的朱自清“矮矮的，胖胖的，浓眉平额，白皙的四方脸。经常提一个黑色皮包，装满了书，不迟到，不早退。管教严，分数紧，课外另有作业，不能误期，不能敷衍”。朱自清鼓励学生多读和多作白话文文章，学生在思想和语言方面都得到了解放，提升了对文学的兴趣。那时各个年级的学生都要求他来教课，他只好多花许多时间在工作上，从来不因为课程多而敷衍学生，认认真真地备课，仔仔细细地讲解，学生们都十分敬佩。

1925年，朱自清到清华大学担任国文教授，开始从事文学研究。当时中国国内革命形势日益严峻，国事家事天下事，令朱自清思虑良多，在一个满月之夜，起来去外面散步，苍茫的月色下，夜晚的荷塘宁静寂寞，朱自清写下了著名的《荷塘月色》：

月光如流水一般，静静地泻在这一片叶子和花上。薄薄的青雾浮起在荷塘里。叶子和花仿佛在牛乳中洗过一样；又像笼着轻纱的梦。虽然是满月，天上却有一层淡淡的云，所以不能朗照；但我以为这恰是到了好处——酣眠固不可少，小睡也别有风味的。月光是隔了树照过来的，高处丛生的灌木，落下参差的斑驳的黑影，峭楞楞如鬼一般；弯弯的杨柳的稀疏的倩影，却又像是画在荷叶上。塘中的月色并不均匀；但光与影有着和谐的旋律，如梵婀铃上奏着的名曲。

朱自清笔下的荷塘月色那么幽静美好，使得今日荷塘已经成为清华大学的一个景点，不少人慕名前来，在夜晚欣赏优美的荷塘月色。文章中的景色如诗如画，却有淡淡的忧愁流淌在字里行间，朱自清每天困扰在人事之中，只有在这夜晚，才能身心得到放松，“且受用这无边的荷塘月色”，体验片刻的自在惬意。朱自清受过良好的古文教育，在文章结尾联想到《西洲曲》中的诗句：“采莲南塘秋，莲花过人头；低头弄莲子，莲子清如水。”古典优雅的气息扑面而来，使全文更加隽永清新，令人回味无穷。

1928年，朱自清在清华开设中国新文学研究课程，编有讲义《中国新文学研究纲要》，一共八章。当时距离新文学运动已经有十年，各种文学体裁的新文学都有作者和作品涌现，产生了广泛的社会影响，朱自清是首先从学术视角对此做出回顾和总结的人，并在大学开设这样的课程。中国现代文学的重要研究者王瑶对当时朱自清的这项研究做出了极高的评价："朱先生的《纲要》无论从哪一方面说都是带有开创性的，它显示着前驱者开拓的足迹。"

朱自清讲课时总是特别认真，一手拿着讲稿，一手拿着手帕，不时擦擦鼻子上的汗珠。讲到新作家的作品和思想时，他大多引用别人的意见，很少说自己的评价，偶尔说起时会极其斟酌字句，担心说得不妥当，于是及时停止。有一次，一个学生发现他在讲"五四"以来的新文学时没有讲他自己的作品，朱自清非常不好意思，面红耳赤，半晌过后谦虚地说："这恐怕很不重要，我们没时间来讲到，而且也很难讲。"有些同学坚持要朱自清讲一讲，朱自清推辞不过，思考了一会儿，说："写的都是些个人的情绪，大半是的。"

1930年，朱自清认识了他的第二任妻子——陈竹隐。那时武钟谦已经因病去世，朱自清照顾着五个孩子，非常吃力，很多朋友看着非常心疼，劝他再娶一个妻子，可是朱自清心中怀念着武钟谦，没有答应。后来朋友瞒着朱自清，带他去吃饭，朱自清见到在饭桌上坐着的陈竹隐。陈竹隐在艺术学校读书，学习过国画和昆曲，是一个多才多艺的姑娘。陈竹隐之前读过朱自清的文章，十分钦佩才华横溢的朱自清，两人之间也有许多共同话题，很快成了心心相印的恋人。两人在北平举行了婚礼，后来又生育了三个子女。

1932年8月，朱自清在欧洲游学，写下了《欧游杂记》和《伦敦杂记》两部报告文学集，《欧游杂记》记录了朱自清在意大利、瑞士、荷兰、德国、法国等地游学时的所见所感，让当时的中国人了解西方的风土人情，朱自清文笔洗练清丽，像在描绘一幅幅优美曼妙的风景画：

威尼斯是“海中的城”，在意大利半岛的东北角上，是一群小岛，外面一道沙堤隔开亚得利亚海。在圣马克方场的钟楼上看，团花簇锦似的东一块西一块在绿波里荡漾着。远处是水天相接，一片茫茫。这里没有什么煤烟，天空干干净净；在温和的日光中，一切都像透明的。中国人到此，仿佛在江南的水乡；夏初从欧洲北部来的，在这儿还可看见清清楚楚的春天的背影。海水那么绿，那么酽，会带你到梦中去。

然而回国之后面对的却是满目疮痍，抗日战争爆发后，朱自清跟随清华大学南下到达昆明，当时北京大学、清华大学、南开大学合并为西南联合大学，朱自清担任中国文学系主任，并被选为中华全国文艺界抗敌协会理事。在抗日战争的艰苦岁月里，仍然夜以继日地坚持学术研究和文学创作，发表了《中学生的国文程度》《再论中学生的国文程度》《诵读的态度》等杂文，力争用手中的笔来改变社会，并且和叶圣陶、顾颉刚、钱穆共同编著了《文史教学》，为改善当时的国文教育状况做出努力。

1945年，抗日战争终于取得胜利，但国民党在美国的支持下很快发动了内战，镇压民主运动，朱自清的好朋友李公朴、闻一多先后遇害，让朱自清十分悲愤，写下了纪念文章《悼一多》，沉痛追悼闻一多的不幸离世。1948年10月，朱自清患有严重的胃病，每个月的薪水连让家人吃饱肚子都困难，更别提去治病了。然而在这种时候，朱自清仍然坚决拒绝领取美国以援助名义发放的面粉，在《抗议美国扶日政策并拒绝领美援面粉》的宣言上签字，气愤地说："宁可贫病而死，也不接受这种侮辱性的施舍。"

一个月后，朱自清因为胃溃疡穿孔住进医院，手术后不治身亡，结束了他的一生。

那一年，他刚刚五十岁，一代文学大师，因为饥饿和劳累，早早地离开了他热爱的清华课堂，离开了他的广大读者，离开了与他相濡以沫的妻子，离开了他的儿女。

早在三千年前，孟子曾经说过："廉者不食嗟来之食。”意思是宁可饿死，也不吃别人施舍的食物。朱自清做到了，让我们看到了一个文人的铮铮铁骨，这种精神至今和他的作品一样流传后世，让后代的中华儿女品味和铭记。

请记得朱自清的散文《背影》，同时，也请记得朱自清彰显气节的背影。

第十一章

凌叔华：走出闺阁的新女性

之前我们谈的十位都是男作家，然而现代文坛异彩纷呈，许多女作家也散发着夺目的光芒，以女性的视角写作，展现出一道道别样的风景。

这篇文章将为大家介绍一位女作家，她叫凌叔华，1900年3月出生在北京的一个官宦人家。她的父亲凌福彭曾经中过举人，和大名鼎鼎的康有为是同榜进士，一路仕途顺利，同时又保持着文人特色，喜欢书法和绘画，与齐白石、陈寅恪等关系密切，还组织过“北京画会”。凌叔华出生在这样“谈笑有鸿儒，往来无白丁”的书香门第之中，从小受到高雅文化的熏陶。

凌福彭妻妾儿女众多，凌叔华是四姨太所生，在兄弟姐妹中排行第十，因此也被称为“小十”。凌家宅院很大，可谓是“庭院深深”，凌叔华小时候见惯了姨太太之间的争吵。她因为是妾室所生，并没有什么地位，常常被欺负。直到六岁那年，凌叔华闲来无事，拿着炭火棍在墙上随手画画，被来她家做客的一位画家看到，夸赞凌叔华很有绘画天分，画得比一些大人还好。凌福彭听后十分高兴，开始全力培养凌叔华学画，在家里专门布置了一间画室。著名的女画家凌叔华就这样在兄弟姐妹中脱颖而出，才华引人瞩目，成了唯一一个能随父亲见客的凌家小姐。

现在看来，凌叔华拥有当时顶级的师资：戊戌变法的领袖康有为曾经教她写字；一代奇才辜鸿铭是她的老师，为她打下良好的古典文学和英文基础；山水兰竹画家王竹林教她绘画……在那个年代里，作为名门闺秀，凌叔华拥有的资源令人艳羡，在上大学前就跟随父亲到日本考察过三次，开阔了眼界。

二十二岁那年，凌叔华考入燕京大学。她修读了周作人主讲的新文学课程，并且寄了自己的作品给老师周作人。周作人读完之后，选了一篇觉得不错的文章推荐给了《晨报》副刊的编辑孙伏园，于是凌叔华的处女作《女儿身世太凄凉》刊发，这是她初次在文坛亮相。

对现代文坛而言，1924年泰戈尔访华是一场盛典——泰戈尔的诗歌在中国影响深远，徐志摩、冰心、林徽因等众多诗人都受到泰戈尔的启发，当时重要的诗歌社团“新月派”的名字便取自泰戈尔的《新月集》。因此，泰戈尔来到中国时，梁启超、蔡元培、胡适等文学界举足轻重的人物都前来欢迎，徐志摩和林徽因担任翻译，凌叔华作为燕京大学的学生代表，曾经给泰戈尔写过请帖。在泰戈尔访华的活动结束后，恰逢凌府举行画会，于是有人邀请泰戈尔一同前去，欣赏中国传统文化。凌叔华作为凌府的小姐接待了泰戈尔，她优雅的谈吐、出色的才华给泰戈尔留下了很好的印象，泰戈尔对她赞许有加。

在接待泰戈尔的活动中，凌叔华和“新月派”的两位重要人物陈源、徐志摩关系密切起来。陈源当时是北京大学的教授，《现代评论》的主编。1925年，凌叔华在《现代评论》上发表了两篇重要的小说，一篇是写新时代女性的《酒后》，另一篇是写旧时代女性的《绣枕》，两篇都细腻地捕捉了女性的心理变化，语言温婉秀雅，奠定了凌叔华“闺阁派”作家的地位。

《酒后》的主题很有趣。文中讲了一个丈夫，在新年到来之际，答应实现心爱的妻子的一个愿望，妻子出于对另一个男子的敬佩与同情，向丈夫提出她的愿望是要吻另一个男子，那么这个丈夫是答应还是拒绝呢？丈夫陷入了纠结之中，出于爱情的独占欲，他不想让妻子去吻那个男子，然而他又不忍心拒绝妻子，在他终于答应妻子后，情节却发生了令人意想不到的逆转：

“我去了。”她说完便轻轻的向子仪睡倒的大椅边去，愈走近，子仪的面目愈清楚，采苕心跳的速度愈增。及至她走到大椅前，她的心跳度数竟因繁密而增声响。她此时脸上奇热，内心奇跳，怔怔的看住子仪，一会儿她脸上热退了，心内亦猛然停止了强密的跳。她便三步并两步的走回永璋前，一语不发，低头坐下。永璋看着她急问道：

“怎么了，采苕？”

“没什么，我不要Kiss他了。”

这大概是作为大家闺秀的凌叔华内心的写照，作为循规蹈矩的千金楷模，她内心深处渴望叛逆，所以《酒后》的女主人公才会任性地向丈夫提出去吻另一个男子，可是在终于获得允许后，却失去了真正踏出界线的勇气。凌叔华将小夫妻之间炙热的爱情、甜蜜的谈话、复杂的心理描绘得惟妙惟肖，后来这篇小说被优秀的戏剧家丁西林改编成话剧，深受欢迎。

如果说《酒后》写的是一个独立自主的新女性寻求自我突破的故事，那么《绣枕》则截然相反，写了一个无法主宰自己命运的闺中女子令人扼腕叹息的悲剧，一个绣工精良的小姐在酷热的夏天无比认真地缝制绣枕，因为她的父亲催促她抓紧完成，然后当礼物送去讨好长官。小姐极其用心地绣好了精致的绣枕，结果几年后却从丫鬟口中得知，她精心制作的绣枕被放在长官家的客厅中，被醉酒的人呕吐弄脏，赏给了下人。自己的心血竟然被如此糟蹋，小姐面对着眼前面目全非的绣枕，一时之间思绪起伏：

她只回忆起她做那鸟冠子曾拆了又绣，足足三次，一次是汗污了嫩黄的线，绣完才发现；一次是配错了石绿的线，晚上认错了色；末一次记不清了。那荷花瓣上的嫩粉色的线她洗完手都不敢拿，还得用爽身粉擦了手，再绣……荷叶太大块，更难绣，用一样绿色太板滞，足足配了十二色绿线……做完那对靠垫以后，送了给白家，不少亲戚朋友对她的父母进了许多谀词。她的闺中女伴，取笑了许多话，她听到常常自己红着脸微笑。还有，她夜里也曾梦到她从来未经历过的娇羞傲气，穿戴着此生未有过的衣饰，许多小姑娘追她看，很羡慕她，许多女伴面上显出嫉妒颜色。那种是幻境，不久她也懂得。所以她永远不愿再想起它来撩乱心思。

绣枕就像旧时代女子的命运一样，尽管对自身来说重如千金，但是在别人眼中却不足挂齿，被糟蹋、被抛弃，却无力反抗。凌叔华将结尾处理得意味深长，小姐虽然脑海中闪过许多思绪，但是什么也没说，表面上只是轻轻地叹了口气，适可而止，余下的留给读者仔细品味，将一切蕴藏在了不言之中，这桩悲剧显得愈加意味深长。

早年写出这些温婉清澈的作品的凌叔华，是一个大家闺秀型的作家，她的作品“揭开了世态的一角”，这八个字是鲁迅对她做出的评价。女作家苏雪林这样形容凌叔华：“叔华眼睛很清澈，但她同人说话时，眼光常带着一点‘迷离’，一点‘恍惚’，总在深思着什么，心不在焉似的，我顶喜欢她这个神气，常戏说她是一个生活于梦幻的诗人。”

这样的凌叔华，在进入新月社后，和新月社的主力干将陈源相恋。说起陈源，这也是现代文坛大名鼎鼎的一个人物，他的名气某种程度上来自和鲁迅的笔战。

之前我们介绍过鲁迅写《记念刘和珍君》这篇文章，鲁迅支持当时的学生运动，反对军阀的残暴统治，但是陈源觉得学生们应该提高自己的分辨力，不能被舆论煽动操纵，尤其女学生应该学会保护自己，不应该站到前线斗争。陈源从这个角度出发，在自己的《闲话》专栏中发表了一篇文章，对鲁迅展开了激烈的攻击。陈源发表《闲话》，鲁迅发表《并非闲话》。陈源认为鲁迅的《中国小说史略》抄袭了日本学者盐谷温的《支那文学概论讲话》，鲁迅激动地写了长文《不是信》来驳斥他，两人的怨仇至此达到不可化解的地步。

其实陈源也是一个非常爱国的自由知识分子，面对其他国家的辱华言论时愤起驳斥，而且他是个很有才华的散文家，他的散文集《西滢闲话》，典故信手拈来，文字干净利落，从容有趣，在现代文坛上也占有自己的一席之地。

陈源娶了凌叔华，携手走过了一生。两人志同道合，经常一起谈论文学艺术问题。有趣的是，虽然他们都是当时有影响力的作家，陈源还是著名的评论家，但夫妻二人写完文章后并不会给对方看，因为担心对方提出的不同意见会改变自己的见解，于是都等文章发表之后才给对方看。两个人在写作之路上相互促进，1928年，由陈源编订的凌叔华的第一部短篇小说集《花之寺》出版。

1929年，凌叔华陪同陈源到了武汉，陈源担任武汉大学文学院院长和外国文学系主任，凌叔华继续从事她喜爱的创作和绘画事业，授课之余主编《武汉文艺》杂志，结识了在武汉大学任职的两位女作家袁昌英和苏雪林，成为莫逆之交。武汉大学有座风景优美的山，名叫珞珈山，凌叔华、袁昌英和苏雪林被称为“珞珈山三杰”，一时传为佳话。

陈源是国民党政府的官员，1946年被国民党政府派去巴黎担任联合国教科文组织的代表，凌叔华在第二年带着女儿与陈源团聚，从此在欧洲定居。凌叔华在伦敦从事西方文学和艺术研究，在大学讲授东方艺术与戏剧，生活虽然艰苦，但是矢志不移地创作和绘画，她的绘画在国内外声誉非常高，在巴黎、伦敦、波士顿等地多次召开画展。法国艺术学院院长莫洛瓦称赞凌叔华“多才多艺，心灵剔透”，她所画的山川花竹，达到了“诗中有画、画中有诗”的境界，深得中华文化的精魂。

丈夫过世之后，凌叔华在英国的几所知名大学讲授中国文学和书画艺术，发表了一些戏剧作品、散文等，介绍中国的名胜古迹，广受欢迎，在国际文坛上享有盛誉。

虽然旅居国外多年，但凌叔华始终惦记着祖国，惦记着自己的家乡，坚持弹古筝和画国画。1972—1981年间，她五次回国，望着祖国的大好河山，心中升起浓浓的眷恋。1989年年底，八十九岁的凌叔华重病缠身，或许知道自己快走到人生的终点，怀着落叶归根的心愿，凌叔华坚持回到中国，住进北京的景山医院。1990年3月25日是凌叔华的九十岁生日，她躺在病床上，在亲友们的陪伴下，在鲜花礼物的包围下幸福地度过。1990年5月16日，白发苍苍的凌叔华回到了她从小生活的地方——凌家大院，看到了北海的白塔，那是家乡的标记。虽然沧海桑田，眼前的一切与记忆中的小时候已经相去甚远，但是终于回到了她日思夜想的家乡，完成了自己的心愿。六天后，她闭上了双眼，安静地离开了这个世界。

凌叔华和陈源被一同葬在了陈源的家乡——无锡惠山，她留给后世的我们许多卷书，许多幅画。每当我们看到这些文字和画作的时候，会想起曾经有一位这样的闺秀型作家，恬静地创作着，让我们看到“世态的一角，高门巨足的精魂”。

第十二章

冰心：有了爱就有了一切

作家冰心出生于20世纪的第一年——1900年，去世于20世纪的最后一年——1999年，她的一生跨越漫长的20世纪，因此被称为“世纪老人”。

冰心原名谢婉莹，“冰心”这个名字取自王昌龄的诗句“洛阳亲友如相问，一片冰心在玉壶”，用一颗水晶般透明的心来体察世界。

冰心出生在福建省福州市的谢家大宅里，父亲谢葆璋毕业于北洋水师学堂。冰心三岁时，谢葆璋奉命到山东省烟台筹办海军学校，冰心随父亲一起迁移到烟台居住。谢葆璋是一个爱国军官，常常参加一些对外海战，闲暇时他带着冰心散步，会边走边给冰心讲一些保卫祖国的故事，因此冰心从小就对祖国怀有深切的热爱。

自从识字起，冰心就渐渐开始读《三国演义》《水浒传》等古典名著，积累了厚实的文学基础。父母对冰心管得十分宽松，她穿男装、骑马、打枪、游泳，过得自由自在。十二岁时，冰心考入福州女子师范学校，十八岁时进入协和女子大学读理科，希望将来能够成为医生，救死扶伤。1919年，轰轰烈烈的五四学生运动爆发，新文化运动的影响也日益深入，冰心感受到了文学的巨大力量，开始提起手中的笔，用文字来汇入时代浪潮中。

五四运动后，军阀政府虽然被迫接受了学生的爱国要求，但仍然不断找寻借口镇压学生。1919年8月，冰心作为女学界联合会的成员，到审判庭旁听了一场公判大学生案件，回来之后气愤地写出《二十一日听审的感想》，笔锋犀利讽刺："旁听证后面写着各条的禁令，内有一条是'不准吸烟吐痰'，但是厅上四面站立的警察不住的吐痰在地上。我才记得这条禁令，是只限于旁听人的。"迫切表达了希望当局释放学生的意愿，这篇文章被发表在《晨报》副刊上，是冰心的处女作，闪烁着一颗青年学生的爱国之心。

1921年，冰心出版了小说集《超人》，包括《超人》《两个家庭》《斯人独憔悴》等短篇小说。《超人》这篇小说的名字听起来是不是很有玄幻色彩？然而这并不是一个发生在太空的超人的故事，而是讲一个青年人何彬的心路历程，他起初似乎对所有事情都漠不关心，整天独来独往，很少和人说话，像个不食人间烟火的"超人"。直到有一天，何彬在夜里听到有人发出痛苦的呻吟声，这呻吟声持续了好几夜，他终于忍不住向邻居程姥姥询问是怎么回事。程姥姥告诉他是楼下的十二岁孩子禄儿摔了腿，却没钱医治，自己买了块膏药贴上，夜里疼痛地呻吟。何彬听了之后，一反常态地从口袋里拿出一张钞票给程姥姥，让她给禄儿请大夫治伤。禄儿康复后，送给何彬一个盛满金黄色花儿的花篮，下面压着字条，用真诚的文字向何彬表达感谢。何彬十分感动，从冷淡的"超人"变成了充满爱的普通人：

我要用一缕柔丝，将泪珠儿穿起，系在弦月的两端，摘下满天的星儿来盛在弦月的圆凹里，不也是一篮金黄色的花儿么？它的香气，就是悔罪的人呼吁的言词，请你收了罢。只有这一篮花配送给你！

天已明了，我要走了。没有别的话说了，我只感谢你，小朋友，再见！再见！世界上的儿子和儿子都是好朋友，我们永远是牵连着呵！

《超人》是冰心针对社会上某些人独善其身的冷漠，开出爱的药方，这种针对社会现实而写出的小说，被称为“社会问题小说”。冰心擅长从父母子女之间的爱推及万物之爱，“世界上的儿子和儿子都是好朋友，我们永远是牵连着呵”，这样温柔的抒情笔调，易于掀起共鸣，唤起读者内心深处的情感。

20世纪20年代初，冰心陆陆续续发表了许多诗歌，1923年结集为两部诗集：《繁星》和《春水》。这些诗歌形式短小，描绘由眼前的景物引起的思绪，捕捉刹那间的微妙感受，温婉优美，被称为“小诗体”，在当时诗坛风靡一时，至今仍然被广为传颂。

让我们轻声地、缓慢地来读一读下面两首小诗：

繁星闪烁着——
深蓝的太空
何曾听得见他们对语
沉默中，
微光里，
它们深深的互相颂赞了。

——《繁星》第一首

春何曾说话呢？
但她那伟大潜隐的力量
已这般的
温柔了世界了！

——《春水》第四十三首

这两首诗只有短短几行，用词典雅清新，语调舒缓温柔。世间万物被赋予了人性化的色彩，繁星、太空、春天似乎都具有生命力，繁星和太空在静默中相互致意，春天悄然无声地温柔了全世界。在冰心笔下，万事万物充满了温情脉脉的爱，富有哲理和诗意，让人读完心间暖融融的。

1923年，冰心赴美国波士顿的威尔斯利学院读英国文学。作为一名作家，所行之处、所见之事皆是文章，冰心将留学过程中见到的海外风光和奇闻逸事写成了散文，后来结集为《寄小读者》，这是国内早期的儿童文学作品。冰心一直怀着一颗童真的心，用儿童的视角来看待这个世界，正如她自己所说："有一件事，是我常常用以自傲的，就是我从前曾是一个小孩子，现在还有时仍是一个小孩子。"

《小橘灯》是《寄小读者》中的一篇，讲述了冰心在春节前去重庆郊外探望朋友时，遇到了一个八九岁的小女孩，来"我"住的地方打电话，为生病的母亲请大夫。冰心陪小女孩一起回家，看到小女孩贫困的生活环境，年夜饭是简陋的红薯稀饭，但小女孩十分懂事。在晚上冰心离开时，小女孩送了她一盏自己制作的小橘灯，为她照亮上山的道路：

炉火的微光，渐渐地暗了下去，外面变黑了。我站起来要走，她拉住我，一面极其敏捷地拿过穿着麻线的大针，把那小橘碗四周相对地穿起来，像一个小筐似的，用一根小竹棍挑着，又从窗台上拿了一段短短的蜡头，放在里面点起来，递给我说："天黑了，路滑，这盏小橘灯照你上山吧！"

我赞赏地接过，谢了她，她送我出到门外，我不知道说什么好，她又像安慰我似的说：“不久，我爸爸一定会回来的。那时我妈妈就会好了。”她用小手在面前画一个圆圈，最后按到我的手上：“我们大家也都好了！”显然地，这“大家”也包括我在内。

我提着这灵巧的小橘灯，慢慢地在黑暗潮湿的山路上走着。这朦胧的橘红的光，实在照不了多远，但这小姑娘的镇定、勇敢、乐观的精神鼓舞了我，我似乎觉得眼前有无限光明！

对苦难的描述、对小姑娘的赞美，在看似浅淡的叙述之中流淌出来。小橘灯如此简单，又如此诗意，小姑娘善良、乐观、坚强、勇敢的品质，就像这盏小橘灯一样，散发着光芒，照亮了生活的黑暗。敏锐地撷取生活中有意义的片段，借物抒情，凝聚美的情思，正是冰心擅长的写作方法。

作为一个女作家，冰心的婚姻生活是幸福的——在美国留学时认识了同样留美的学生吴文藻，两人交往后情投意合，1929年回国后在燕京大学举行了婚礼。吴文藻是著名的社会学家和人类学家，性格沉稳，两人之间感情十分融洽，流传着一些有趣的故事——吴文藻曾经将一张冰心的照片放在自己的书桌上，冰心问：“你真的是要每天看一眼呢，还只是一种摆设？”吴文藻回答说：“当然是每天要看。”有一天吴文藻不在的时候，怀有童心的冰心调皮地将自己的照片取走，替换为一个影星的照片，吴文藻好几天都没有察觉，直到冰心提醒他，他才不好意思地发现照片被调换了。

1932年，《冰心全集》分三卷出版，小说、诗歌、散文各一卷，不要小看这三卷《冰心全集》，它具有重要的历史意义——这是中国现代文学中的第一部作家全集，从中可见当时冰心在文学创作方面的重要成绩。

在抗日战争期间，冰心在艰难的生活之中仍然坚持从事文学创作和抗日救亡活动，有趣的是，她以“男士”为署名，发表了一组“关于女人”的散文，谈论母亲、老师、奶娘、弟媳、邻居等女人。冰心作为一个女性，巧妙地用男性的视角来审视女人，以换位法来思考女性的生活和命运，写出了这组颇有意思的文章。

1949年至1951年，冰心到日本东京大学授课，期间翻译了印度诗人泰戈尔的诗集《吉檀迦利·献歌》和《园丁集》，这些充满诗情画意的诗歌对冰心的文学创作也产生了重要的影响。

冰心是一个真性情的人，爱憎分明。在1989年8月25日，老舍忌日的第二天，八十九岁的冰心坐着轮椅到北京图书馆看“老舍生平和创作成就展”，怀念这位人民艺术家。冰心一点一点移动着轮椅，看得非常仔细，快到结束时，突然放声大哭，泪水滚滚而下，从图书馆哭到汽车上，周围的人纷纷大惊失色，不明白到底发生了什么竟然引得冰心老人如此悲伤难过。

晚年的冰心喜欢养猫，她有一只可爱的大白猫，名叫“咪咪”。冰心非常喜爱咪咪，她在书桌边写作时，咪咪就坐在桌子上，即使有陌生人在，也不跑不躲，威风凛凛地睁着它的黄色圆眼睛。有次咪咪失踪不见，冰心全家都急坏了，出去寻找，冰心亲笔写了一则“寻猫启事”，发动全家在附近张贴，仍然找不到，冰心为此吃不好睡不好。后来咪咪安然无恙地回到了家里，冰心这才松下口气，重新露出了笑容，更加珍爱咪咪。在冰心眼中，咪咪像一个可爱的孩子，令她用心关爱，与她相依相伴，带给她旷日持久的温暖。

1999年2月，九十九岁的冰心老人因为心脏功能问题病情恶化，在北京逝世。一颗善良美丽的星辰陨落，但是她充满爱的作品，永远温暖着后人。正如日本作家荻野修二所说：“冰心那富有声音的作品，以及对人性的一种侧面的仔细洞察，就像《小橘灯》一样，赋予我们以温暖心房的光芒。”

“有了爱就有了一切。”这是冰心说的名言，也是她一生秉持的信念。

第十三章

梁实秋：花一样风雅的文士

抗日战争的爆发，打破了以上海、北京为中心的现代文学图景。20世纪40年代的重庆，是中国抗战的大后方。重庆彼时是陪都，一大批文人迁徙到了重庆。其中就有随当时的教育部中小学教科书编委会迁至重庆市北碚区的梁实秋。

现在的人对梁实秋熟悉程度，绝对比不上对冰心的熟悉程度。但大家知道吗？冰心和梁实秋，是很要好的朋友。冰心说梁实秋是她的“一生知己”。在一次愉快的聚会中，冰心给梁实秋题字，她写道：“一个人应当像一朵花，不论男人或女人。花有色、香、味，人有才、情、趣，三者缺一便不能做人家的一个好朋友。我的朋友之中，男人中只有实秋最像一朵花——虽然是一朵鸡冠花，培植尚未成功，实秋仍须努力！”冰心说梁实秋“最像一朵花”自然是赞美，而说是“鸡冠花”，则带着几分戏谑，虽然是玩笑话，但是冰心说梁实秋“有才”“有情”“有趣”，实在贴切之至。

梁实秋出身于古都北平的一个富足殷实的商人家庭。从1915年起即进入在中国号称“贵族式”的学校清华大学，接受了八年的新式正规教育。他在校求学期间，翻译了第一篇小说《药商的妻》，发表了第一篇散文诗《荷水池畔》。此后留学美国，在哈佛等世界名牌大学深造。学成返国后，一直从事大学教育。1949年去了台湾，于1987年离世。

梁实秋是当时流行的散文作家，他的目光所及，多是柴米油盐酱醋茶，但是感悟又颇为醇厚有趣，充满了小资情调。大家颇为熟悉的《雅舍》便是梁实秋的散文名篇。

到四川来，觉得此地人建造房屋最是经济。火烧过的砖，常常用来做柱子，孤零零地砌起四根砖柱，上面盖上一个木头架子，看上去瘦骨嶙嶙，单薄得可怜；但是顶上铺了瓦，四面编了竹篦墙，墙上敷了泥灰，远远的看过去，没有人能说不像是座房子。我现在住的“雅舍”正是这样一座典型的房子。不消说，这房子有砖柱，有竹篦墙，一切特点都应有尽有。讲到住房，我经验不算少，什么“上支下摘”“前廊后厦”“一楼一廊”“三上三下”“亭子间”“茅草棚”“琼楼玉宇”和“摩天大厦”各式各样，我都尝试过。我不论住在哪里，只要住得稍久，对那房子便发生感情，非不得已我还舍不得搬。这“雅舍”，我初来时仅求其能蔽风雨，并不敢存奢望，现在住了两个多月，我的好感油然而生。虽然我已渐渐感觉它并不能蔽风雨，因为有窗而无玻璃，风来则洞若凉亭，有瓦而空隙不少，雨来则渗如滴漏。纵然不能蔽风雨，“雅舍”还是自有它的个性。有个性就可爱。

“雅舍”是梁实秋为自己在重庆寓居的处所起的名字。后来，他应邀在重庆出版的《星期评论》写专栏，以“雅舍小品”为栏目，每星期一篇，每篇二千字，以笔名“子佳”发表，写了十多篇。虽然后来《星期评论》停刊，但“雅舍小品”还是继续写下去，散见于重庆、昆明的一些刊物。以这篇散文为例，语言上来看，梁实秋有深厚的古文修养，行文大多采用典雅的书面语，全篇来看，又夹杂着活泼的口语。中外资料梁实秋信手拈来，显示了学者型作家的才情和学识。无论从内容还是形式上，《雅舍》都取得了和谐统一，语言典雅，志趣高雅，是“文质彬彬”的典范。《雅舍小品》熔情趣、智慧和学问于一炉，一经发表，著名文学批评家朱光潜就预言其“对于文学的贡献在翻译莎士比亚的工作之上”，后来被誉为“奇文”，是“学者散文”的代表。

梁实秋不仅仅从事文学创作，更早以前，是以文学批评家的身份被人所熟知。《浪漫的与古典的》和《文学的纪律》收录了梁实秋20世纪20年代关于文学批评的看法。梁实秋在《晨报》副刊上发表《现代中国文学之浪漫的趋势》，从学理上对“五四新文学运动”提出尖锐的批评。他对“五四新文学运动”做了整体性的否定，认为这个运动极端地受到外来影响，推崇感情，贬斥理性，标举自由与独创，印象主义批评盛行，是“一场浪漫主义的混乱”。

梁实秋不仅精通写作和文学批评，还是一名优秀的翻译家。他学贯中西，从1930年开始着手翻译莎士比亚喜剧，到1967年最终完成了《莎士比亚全集》的翻译和出版，这样的成就震惊了当时的文艺界。梁实秋是中国独自一人翻译《莎士比亚全集》的第一人。在中国翻译莎士比亚的作品最具代表性的人物除了梁实秋，就是朱生豪——那个写出“醒来觉得甚是爱你”的朱生豪。朱生豪从1937年开始翻译莎士比亚作品，可惜朱生豪英年早逝，还有六个历史剧和莎士比亚诗歌没来得及翻译。尽管梁实秋翻译和出版莎士比亚的戏剧都比朱生豪早，但是梁实秋的译本并没有广泛流传。

提到梁实秋，人们更容易联想到他与鲁迅持续八年之久的论战。从1927年一直到1936年，两人你来我往打着笔战。鲁迅是斗士，梁实秋是绅士；鲁迅为民疾呼，“横眉冷对千夫指，俯首甘为孺子牛”，梁实秋却只想建筑一个纯粹的审美乐园，在这里只有永恒的人性，没有人世间的丑恶疾苦。

由于出身的优越、际遇的平顺以及对职业的执着、对知识的专注和对政治的冷漠，梁实秋审视人生的态度不是普罗大众的，著述撰文也带有强烈的精英主义色彩，他的“与抗战无关论”更与时局格格不入。梁实秋不仅被进步文人边缘化，更不容于时局。1942年毛泽东在《延安文艺座谈会上的讲话》中把梁实秋定为“为资产阶级文学服务的代表人物”。中华人民共和国成立前夕，梁实秋去了香港，后移居台湾。

这一去故国三千里，梁实秋先是来到了台湾，后来又避居美国。在相当长的时间里梁实秋为人们所熟知，是作为“反动批评家”为人熟知的。20世纪80年代梁实秋作品解冻，这位被文学史遗忘的散文家才重新引起关注。

徐志摩曾经说梁实秋：“你是一个到处发难的人，只要你一开口，下文的热闹是不成问题的。”除了与鲁迅长达八年的笔战，梁实秋还与胡适、郭沫若、林语堂、郑振铎等公开争论。其中或有恃才逞能之意，但话说回来，正因为吵架负气，才将梁实秋逼上翻译莎士比亚全集之路。他原计划用20年时间把《莎士比亚全集》译成中文，但最终用了30年的时间。

说完了梁实秋的“有才”，我们再来看梁实秋的“有趣”。梁实秋是一个特别善于自嘲的人，为人幽默，读他的文章不会觉得生活无望。梁实秋也特别会享受生活，可以说是现代文坛的美食家。《雅舍谈吃》的目录，读起来不像是一本书的目录，更像是汇聚天南地北精华的美食地图，什么《烤羊肉》《烧鸭》《酱菜》《水晶虾饼》《核桃酪》《酸梅汤与糖葫芦》《豆汁儿》《芙蓉鸡片》，什么《西施舌》《火腿》《酸溜鱼》《拌鸭掌》，甚至还有《麦当劳》。梁实秋年轻的时候就爱吃，在学校的时候曾创下一顿饭吃十二个馒头、三大碗炸酱面的纪录。到了晚年，梁实秋得了糖尿病，还想着偷偷吃客人送过来的荔枝，也因此被妻子狠狠数落一番。

梁实秋谈吃食，不仅仅是描述食物的色香味，信笔引出的还有各种掌故。提到“瓦罐鱼”，梁实秋就想到了严辰的《忆京都词》；说到“酸梅汤”，梁实秋就想起了徐凌霄在《旧都百话》里关于酸梅汤的记载；再比如“炝青蛤”，梁实秋信手拈来沈括的《梦溪笔谈》和李时珍的《本草纲目》，竟然还在文中很严肃地探讨了一下“炒”在西方语境中如何翻译，顺带对比了中国的“炝青蛤”和风行美国的“蛤羹”（clam chowder）。说梁实秋是学贯中西的大家，丝毫不为过。

梁实秋不仅爱吃，有时候也会自己下厨，但更多时候是菜没做成，反倒闯了祸。梁实秋自述：“最怕做红烧肉，因为我性急而健忘，十次烧肉九次烧焦，不但糟蹋了肉，而且烧毁了锅，满屋浓烟，邻人以为是失了火。”

梁实秋爱结交朋友，蛰居重庆北碚期间，梁实秋与徐志摩、赵清阁、白薇等都保持联系。冰心夫妇、卢冀野、方令孺、余上沅等均为梁实秋“雅舍”的座上客，尤亲密者为冰心夫妇（冰心夫妇住在歌乐山，离北碚40公里）。冰心的丈夫吴文藻是梁实秋的清华同班同学。梁实秋与冰心的友谊说来也是一段佳话。就像是一首歌里唱的：“第一次见面看你不太顺眼，谁知道后来关系那么密切。我们一个像夏天一个像秋天。”

梁实秋与冰心初次见面是在船上。1923年，梁实秋与冰心乘同一轮渡赴美留学。在船上，许地山介绍冰心与梁实秋认识。寒暄一阵后，梁实秋问冰心："您到美国修习什么？"冰心回答说："文学。"然后又反问："您呢？"梁实秋回答："文学批评。"在此之前，冰心已经发表了新诗《繁星》《春水》，风靡一时，当时获得了颇多赞誉，但是梁实秋偏偏就很不喜欢《繁星》《春水》，他曾经在报刊上公开撰文批评："我读冰心诗，最大的失望便是她完全袭受了女流作家之短，而几无女流作家之长。我从《繁星》与《春水》里认识的冰心女士，是一位冰冷到零度以下的诗人。""《繁星》《春水》这种体裁，在诗国里面，终归不能登大雅之堂的。"但命运就是如此神奇，梁实秋与冰心惺惺相惜，后来成了极为要好的朋友，哪怕晚年隔着海峡，也彼此惦念。

梁实秋七十一岁的时候，妻子程季淑意外去世，梁实秋写下七万字的追忆散文《槐园梦忆》。在这篇长长的悼亡文章里，梁实秋细细描述他们第一次约会的情景："季淑穿的是一件灰蓝色的棉袄，一条黑裙子，长抵膝头。我偷眼往桌下一看，发现她穿着一双黑绒面的棉毛窝，上面凿了许多孔，系着黑带子，又暖和又舒服的样子。衣服、裙子、毛窝，显然全是自己缝制的。她是百分之百的一个朴素的女学生。我那一天穿的是一件蓝呢长袍，挽着袖口，胸前挂着清华的校徽，穿着一双棕色皮鞋。”全文读来都是梁实秋对于亡妻的深刻眷恋，哀婉至极。

然而《槐园梦忆》发表没多久，梁实秋又开始了他生命中第二段恋情，与双栖明星韩菁清相恋，彼时韩菁清四十三岁，比梁实秋的女儿年龄还小。对于梁实秋的第二段婚姻，当时许多人都不能接受，连冰心都颇有微词，觉得梁实秋英雄难过美人关。但无论如何，梁实秋与韩菁清冲破重重阻力结婚，彼此相守十三年，直到梁实秋去世。

天地者万物之逆旅，梁实秋深深懂得“人生如寄”的道理。他在《雅舍》中写道：

“雅舍”非我所有，我仅是房客之一。但思“天地者万物之逆旅”，人生本来如寄，我住“雅舍”一日，“雅舍”即一日为我所有。即使此一日亦不能算是我有，至少此一日“雅舍”所能给予之苦辣酸甜我实躬受亲尝。

梁实秋没有料到，因为他的居住，“雅舍”成为独特的存在，人们瞻仰“雅舍”，为着纪念梁实秋，怀想那个花一样风雅的文士。

第十四章

林徽因：她的人生是个传说

我说你是人间的四月天；
笑声点亮了四面风；
轻灵在春的光艳中交舞着变。
你是四月早天里的云烟，
黄昏吹着风的软，
星子在无意中闪，
细雨点洒在花前。

——《你是人间四月天》

读完这首诗，你是否觉得有春风轻轻拂过面颊，心间一片温暖？四月的气息扑面而来，繁星在浩瀚的夜空中闪烁出明亮的光芒，温润的细雨滴落在娇嫩的花瓣上……一幅温馨美好的画面。

这首诗出自才女林徽因的笔下。和其他作家相比，林徽因的作品数量不多，因为她将许多精力用在了研究建筑上，是著名的建筑师。但是她的作品分量却颇为可观，在小说、散文、诗歌、话剧领域均有着不俗的成绩。而且，高贵的出身、卓越的才华、美丽的容貌、浪漫的爱情，让林徽因成为一个绝代传说，为后世人津津乐道。

让我们先来谈谈林徽因煊赫的家世：林徽因出生于名门望族，祖父林孝恂是光绪年间的进士，在各县做过地方官；林徽因的父亲林长民曾经在日本早稻田大学留学，参加草拟《中华民国临时约法》，曾经担任段祺瑞内阁的司法总长，在民国政界举足轻重；林徽因的堂叔林觉民是黄花岗七十二烈士之一，他有一篇著名的作品《与妻书》，是慷慨就义前写给妻子的信，读起来感人肺腑，催人泪下。

林徽因在这样的家庭里长大，从小接受了良好的教育：八岁进入上海虹口爱国小学学习；十二岁跟随父亲林长民前往北京，就读于英国教会学校培华女中；十六岁时陪父亲游历欧洲，在伦敦时，房东是一名女建筑师，给林徽因留下了深刻的影响，令她立志将来要攻读建筑学；二十岁时到美国宾夕法尼亚大学留学，当时建筑系不收女生，于是林徽因在美术系注册，但修读了建筑系的主要课程，可以看出林徽因对建筑专业的喜爱和实现理想的毅力；二十三岁从美术学院毕业后，林徽因到耶鲁大学戏剧学院学习了半年的舞台美术设计。

在欧洲游历时，林徽因认识了诗人徐志摩，谱写了一首浪漫的恋曲。林长民当时喜欢结识青年知识分子，徐志摩常来林家拜访，与林长民很有共同语言，成为忘年之交。在此期间，徐志摩对蕙质兰心的林徽因倾心不已，曾经为她写下美丽的诗句：“如果有一天我获得了你的爱，那么我飘零的生命就有了归宿，只有爱才能让我匆匆行进的脚步停下，让我在你的身边停留一小会儿吧，你知道忧伤正像锯子锯着我的灵魂。”林徽因也对才华横溢的徐志摩心动，可是林长民知道当时徐志摩已经有妻子，并不赞成女儿与徐志摩相恋，1921年带着林徽因回国。

徐志摩和胡适等人在北京创办了新月社，新月社是20世纪20年代中国很有影响力的文学社团。林徽因常常去参加新月社举办的文艺活动。1924年，泰戈尔来中国访问时，林徽因和徐志摩担任翻译，一路陪同泰戈尔。在泰戈尔六十四岁生日那天，北京文化界为泰戈尔举办了一场寿宴，压轴戏是演出泰戈尔诗剧《齐德拉》，林徽因主演这部剧中齐德拉公主一角，流利的英文台词，俊秀曼妙的扮相，给观众留下了深刻的印象。泰戈尔对徐志摩和林徽因都非常喜爱，得知他们之间的感情故事后，曾经试图撮合二人，可是未能成功，最后泰戈尔惋惜地写了一首小诗：

天空的蔚蓝
爱上了大地的碧绿
他们之间的微风叹了声："哎！"

泰戈尔访问结束离开中国后，林徽因也和梁思成一起去美国宾夕法尼亚大学留学。梁思成是近代著名人物梁启超的儿子，梁启超是戊戌变法的领导者之一，也是近代文学界多次变革的倡导者。梁启超和林长民是挚友，两人想成为儿女亲家，结成更亲密的关系，但是他们都是受过高等教育的开明人士，不会用父母之命来包办儿女的婚姻，只是创造机会让梁思成和林徽因相处，后来梁思成和林徽因渐渐情投意合，梁启超和林长民对此乐见其成。因此，林徽因和梁思成的婚姻既是遵从父母之命的传统婚姻，又是自由恋爱的现代婚姻，实在令人艳羡。

1928年，林徽因与梁思成在加拿大渥太华的中国领事馆领取了结婚证。林徽因美貌与才华兼具，追求者一直络绎不绝，梁思成在新婚之夜曾经好奇地问她："这个问题我只问一遍，以后再也不提，为什么你选择的人是我？"林徽因微笑着回答："这个问题我要用一生来回答，准备好听我回答了吗？"这个回答如此含蓄深情，至今传为佳话。梁思成和林徽因都热爱建筑事业，两人志趣相投，互敬互爱，是举案齐眉、琴瑟相和的典范。

1931年4月，林徽因的第一首诗《谁爱这不息的变幻》在《诗刊》发表，在这里我们节选几句，来感受一下林徽因诗歌的风格：

谁爱这不息的变幻，她的行径？
催一阵急雨，抹一天云霞，
月亮，星光，日影，在在都是她的花样，
更不容峰峦与江海偷一刻安定。
骄傲的，她奉着那荒唐的使命：

看花放蕊树凋零，娇娃做了娘；
叫河流凝成冰雪，天地变了相；
都市喧哗，再寂成广漠的夜静！

《谁爱这不息的变幻》中的感情虽然比《你是人间四月天》激烈了一些，但仍带有文雅唯美的气息，在文坛中迸发出光芒。

1930年至1945年间，林徽因的主要精力放在考察古建筑物上，和梁思成考察测绘了全国多处古建筑物，为我国古建筑保护做出了重要贡献。在考察的间隙，林徽因偶尔进行文学创作，虽然篇目很少，但是功力很深。1934年林徽因的小说《九十九度中》发表，这篇小说讲述了华氏九十九度（约三十七摄氏度）的北京城里一天的众生相：挑夫挑着重重的圆篓走在滚烫的马路上，富家的老太太在府宅里庆祝寿辰，高级西医喝酒打牌置中暑的穷人性命于不顾，车夫因为索债和人打架被逮捕入狱……

林徽因借鉴了西方意识流的手法，随着叙述者意识的流动，将看似不相关的人物、主题、心理串在一起，截取不同人在同一天的生活状态，展示出大千世界芸芸众生的面貌。经过提炼的口语化语言精练活泼，让我们看到了另一种风格的林徽因：

杨三没有娶过媳妇，他想娶，可是“老家儿”早过去了没有给他定下亲，外面瞎姘的他没敢要。前两天，棚铺的掌柜娘要同他做媒；提起一个姑娘说是什么都不错，这几天不知道怎么又没有讯儿了。今天洋车夫们说笑的话，杨三听了感着不痛快。看看王康的脸在太阳里笑得皱成一团，更使他气起来。

王康仍然笑着说话，没有看到杨三，手里咬剩的半个香瓜里面，黄黄的一把瓜子像不整齐的牙齿向着上面。

“老康！这些日子都到哪里去了？我这儿还等着钱吃饭呢！”杨三乘着一股劲发作。

听到声，王康怔了向后看，“呵，这打哪儿说得呢？”他开始赖账了，“你要吃饭，你打你×的自己腰包里掏！要不然，你出个份子，进去那里边，”他手指着喜燕堂，“吃个现成的席去。”王康的嘴说得滑了，禁不住这样嘲笑着杨三。

周围的人也都跟着笑起来。

四个相互独立又相互关联的故事被巧妙地融合在一起，女性的命运、底层的困苦、上层的奢华、精神的空虚等多重主题思想被浓缩在这个短篇小说中，让我们看到了林徽因对当时社会现实和人的生存境遇的关怀，而且看到了林徽因灵活的文学创作技巧。有保守的大学教授表示读不明白《九十九度中》，著名文学评论家李健吾为此写了一篇评论，高度称赞林徽因的这篇小说：“在我们好些男子不能控制自己热情奔放的时代，却有这样一位女作家，用最快利的明净的镜头，摄来人生的一个片段，而且缩在这样短小的纸张上。”

1952年，林徽因参与设计人民英雄纪念碑，这座高度近于38米、由17 000块花岗石和汉白玉砌成的纪念碑，是中国建筑史上浓墨重彩的一笔，是宝贵的革命纪念建筑物。为了让中国的古建筑为人知晓，林徽因撰写了《故宫》《天坛》《颐和园》《雍和宫》等一组文章，刊登在《新观察》杂志上，为宣传和保护古建筑做出了贡献。

林徽因终生对建筑怀有深切的爱。20世纪中叶，因为北京长安街有一段道路过窄，政府决定对街道实施拆改扩建工作，开始酝酿大规模地拆除古建筑，由当时的北京市副市长吴晗负责。梁思成为了保护北京城的完整牌楼街，与吴晗发生了激烈的争论，吴晗说梁思成思想太保守：“将来北京城到处建起高楼大厦，您这些牌坊、宫门在高楼包围下岂不都成了鸡笼、鸟舍，有什么文物价值可言？”梁思成被气得当场失声痛哭，为文物即将被毁灭的悲惨命运痛彻心扉。林徽因压抑不住内心的怒火，对吴晗喊道：“你们拆去的是有着八百年历史的真古董……将来，你们迟早会后悔，那个时候你们要盖的就是假古董！”可是依旧没能挽救这批宝贵的牌坊的命运。

正如林徽因所言，大约五十年后的2004年8月，永定门城楼修建完毕。如今我们只能对着“假古董”，遥想曾经的“真古董”，缅怀为了保护文物拼尽全力的建筑家林徽因。

在林徽因的葬礼上，哲学家金岳霖送的挽联格外引人注目——“一身诗意千寻瀑，万古人间四月天。”金岳霖和梁思成、林徽因夫妇长期住所相邻，三人是非常要好的朋友，相互之间十分敬重。金岳霖深深爱慕着林徽因，但是用理智控制着自己的情感，默默地守护着她，为了她终生未娶。这是林徽因又一则令人唏嘘的故事。

李健吾曾经对林徽因的一生做过总结：“恰恰就是这样的林徽因，既耐得住学术的清冷和寂寞，又受得了生活的艰辛和贫困。沙龙上作为中心人物被爱慕者如众星捧月般包围，穷乡僻壤、荒寺古庙中不顾重病、不惮艰辛与梁思成考察古建筑；早年以名门出身经历繁华，被众人称羡，战争期间繁华落尽困居李庄，亲自提了瓶子上街头打油买醋；青年时旅英留美、深得东西方艺术真谛，英文好得令费慰梅赞叹，中年时一贫如洗、疾病缠身仍执意要留在祖国。”

林徽因，这样一位才貌俱佳的女子，随着时间长河的滚滚流动，有关她的一切已经成为一则则令人神往的传说。

她曾经写过一首诗《笑》，诗中的姑娘笑得灿烂美好，就像年轻时的林徽因。最后，让我们在这首诗中，一起回望这个传奇的女子——

笑的是她的眼睛，口唇，
和唇边浑圆的漩涡。
艳丽如同露珠，
朵朵的笑向
贝齿的闪光里躲。
那是笑——神的笑，美的笑；
水的映影，风的轻歌。

笑的是她惺忪的鬈发，
散乱的挨着她耳朵。
轻软如同花影，
痒痒的甜蜜
涌进了你的心窝。
那是笑——诗的笑，画的笑：
云的留痕，浪的柔波。

第十五章

沈从文：回不去的美丽故乡

在20世纪初的湘西，一个深受苗、汉、土家各族文化熏陶的少年在沅水流域自然地生长、流浪，将绵延千里的沅水流域的风光、吊脚楼淳朴的民俗和在其中生活的人们的百态映刻心中。后来他走上了写作的道路，为中国现代文学画上了淡雅而纯美的一笔，在当时的文学主流之外建立了一个独特的绵长文脉。

他便是沈从文。

年少流浪，只有高小学历，却能在大学任教，又能在文学史上留下不可替代的位置，在现代文学史中，沈从文是一个不可复制的传奇性的存在。

1902年沈从文出生在湖南省凤凰县。湘西的水土自他出生便宿命式地烙印在他的世界中，并为他以后的文学灵魂埋下伏笔。他的眼睛里永远荡漾着沅江的水，他的文字里也永远飘荡着湘西的影子。他用湘西世界里自然、人性、风俗的美来烛照侵蚀而来的现代都市文明，为正在逝去的美好唱一曲挽歌。他自己也一再强调："我实在是个乡下人。说乡下人我毫无骄傲，也不在自贬，乡下人照例有根深蒂固永远是乡巴佬的性情，爱憎和哀乐自有它独特的式样，与城市中人截然不同！他保守，顽固，爱土地，也不缺少机警，却不甚懂诡诈。他对一切事物照例十分认真，似乎太认真了，这认真处某一时就不免成为'傻头傻脑'。这乡下人又因为从小飘江湖，各处奔跑，挨饿，受寒，身体发育受了障碍，另外却发育了想象，而且储备了一点点人生经验。”这大抵算是沈从文先生给自己的自画像，这画像十分生动，他也的确是如此，离开湘西的很多年里，他也依旧以“乡下人”自居，一直有着“乡下人”的淳朴，也一直秉承着一个“乡下人”近乎执拗的坚持。

他最后的学历是县第一小学高小毕业，那年他十四岁。从此便入了行伍，以后的知识和学问都依靠自学。几年的行伍生活为他积累了很多人生经验和独特的生命体验，也让他看到了太多的杀戮和残酷。这反而让他想在文字中去追求那些美好的、纯净的东西，以善良的人性和净美的风情去抵御那些残忍和黑暗的部分。

他对美和文字有着特殊的敏感和热爱，几年后，他的脚步就跨出了湘西，向更广阔的世界进发。受“五四新文学”的影响，1922年，他一个人闯荡北京，住进银闸胡同的“窄而霉”斋，并在北京大学旁听，在极端穷困而艰苦的环境下自学写作，付出了常人难以想象的艰辛努力。1924年，《一封未曾付邮的信》在《晨报》副刊上发表，此后他的文章陆陆续续发表在《晨报》副刊和《现代评论》《小说月报》《新月》等刊物上，并出版文集，渐渐闻名。

沈从文先生是一个性情中人，最能体现他的真性情和可爱一面的便是他对张兆和的追求。张兆和是沈从文的学生，她的聪慧和美丽让沈从文一见钟情不能自拔，从此便开始了漫长而艰辛的追求，他情书一封接一封地写，虽然她从不回复，但他从未放弃。他的文笔不炽烈，而是像流水一样，缓缓地慢慢地铺陈自己的深情，终于他磐石不移的决心打动了张兆和。二人于1933年9月9日在北京的中央公园结成眷侣。

爱情赋予沈从文的文字以深情与别样的灵感。这在他回乡时的家书和散文集《湘行散记》中都可见一斑。新婚后不久，因为母亲病危，沈从文回到阔别的故乡，婚后小别让他牵肠挂肚不得安稳，行路之中，主要的任务也是给远在北平的张兆和写信，很多信件都是在船舱里写就的："我离开北平时还计划每天用半个日子写信，用半个日子写文章，谁知到了这小船上却只想为你写信，别的事全不能做。"而这一往情深也留下了许多脍炙人口的句子，比如"我走过许多地方的路，行过许多地方的桥，看过许多次数的云，喝过许多种类的酒，却只爱过一个正当最好年龄的人"。又比如"我就这样一面看水一面想你。我快乐，就想应当同你快乐，我闷，就想要你在我必可以不闷。我同船老板吃饭，我盼望你也在一角吃饭"。心迹的流露皆淳朴而清澈，如他一贯的文风。

沈从文在文学里的主要贡献，便是以灵动唯美的文字，用小说和散文两种形式，建构了一个纯美的湘西世界，这个世界也成为现代文学长廊中一抹独特而令人回味悠长的风光。而最能体现这风光的便是他写于1934年的中篇小说《边城》。

《边城》的故事发生在20世纪30年代川湘交界的边城小镇茶峒，在那个秀丽得如同世外桃源一样的地方住着女孩翠翠和她的爷爷。延续着她父母的悲剧，翠翠模模糊糊地爱上了船总家的二儿子傩送，但是傩送的哥哥天保也喜欢上了翠翠，并且托媒人提了亲。兄弟俩准备用唱山歌的方式竞争，让翠翠自己选择。傩送是唱歌好手，天保自知注定失败，便驾船远走，却遭了水难身亡，而傩送也悄无声息地出走。后来在一个雷声大作的雨夜，爷爷去世了，只剩下孤独的翠翠等待着傩送的归来。

《边城》有着像田园牧歌一样的抒情基调，缓慢而优美，清澈而感伤，更像是一首诗，或者一个秀美的小品文。它在当时的文坛里如一条清澈的溪流，为在现代文明中沉沦和迷茫的世人指出一条路，这路的方向便是在无尽的“变”中寻找人性里不变的美和纯真。汪曾祺评价《边城》说：“《边城》的生活是真实的，同时又是理想化了的，这是一种理想化了的现实。”

文学之所以美，就在于它能超越现实，又能给现实以安慰和指引。沈从文写《边城》不仅仅是要建立一个美的模型，更重要的是以中国乡村自然的生命形式来拯救现代文明中人的堕落，以人性之美改造人，改造生命，改造民族。他在题记里这样写：“预备给他们一种对照的机会，将在另外一个作品里，来提到二十年来的内战，使一些首当其冲的农民，性格灵魂被大力所压，失去了原来的质朴、勤俭、和平、正直的型范以后，成了一个什么样子的新东西。他们受横征暴敛以及鸦片烟的毒害，变成了如何穷困与懒惰！我将把这个民族为历史所带走向一个不可知的命运中前进时，一些小人物在变动中的忧患，与由于营养不足所产生的‘活下去’以及‘怎样活下去’的观念和欲望，来做朴素的叙述。”如他所说，城与乡的二元对立是他小说的一大主题，他试着用乡下人情的美好来对比都市文明的畸形和扭曲，而《边城》则是用乡土的美来唤醒人的灵魂。

边城是美的，从语言到故事，而最让人记忆犹新的是里面的翠翠。翠翠是沈从文心中美与自然的凝结，她纯真善良，自然天成，不矫饰，不做作——

翠翠在风日里长养着，把皮肤变得黑黑的，触目为青山绿水，一对眸子清明如水晶。自然既长养她且教育她，为人天真活泼，处处俨然如一只小兽物。人又那么乖，如山头黄麂一样，从不想到残忍事情，从不发愁，从不动气。

沈从文笔下写了一系列这样的纯美少女形象，比如《三三》中的三三，《长河》中的夭夭。这些少女们纯真、善良、温柔、美丽，是沈从文心中美的代名词，也是传统乡村自然美和人情美的化身。

除了小说，沈从文的散文也建构了湘西世界的半壁江山。其中最重要的便是《湘行散记》和《湘西》。这两卷文集写于抗战前后他的两次返乡。沿着沅河流域，从下游到上游一路走来，满目的风光，人事和由之而起的追忆和随想、议论，便成了《湘行散记》，而《湘西》则是作者悉心选取了具有代表性的地方和事物，夹叙夹议而成。散文是真实的心曲记录，去掉虚构的框架，它比小说更真实，更贴近作者的感受和内心。文字的游走间，山貌、水波等自然风物，放蛊、行巫、落洞等独特风俗，水手、纤夫等形形色色的人物，都在眼前一一展现，变成一幅芜杂然而净美的山水和风土的长卷，同时展现的还有作者多年以来的心路和感悟。

沈从文创作勤奋，是现代作家中成书颇多的一位。主要的小说集有《龙朱》《旅店及其他》《石子船》《虎雏》《阿黑小史》《月下小景》《如蕤集》《八骏图》《新与旧》《主妇集》《春灯集》《黑凤集》等；主要的中长篇小说有《阿丽思中国游记》《边城》《长河》等；

主要的散文集有《从文自传》《记丁玲》《湘行散记》《湘西》等。这些作品共同建构了他的湘西世界，表达了他回归自然、寻找人性之美的哲学追求。

除了写作，他也做了很多其他方面的事情。1933年，他执编《大公报》文艺副刊，成为北方京派作家群体的组织者之一，他的文学风格也深深影响了京派的其他作家，他还发表《文学者的态度》一文，在当时引起了京派和海派的论争。另外，他也教书育人，先在上海被胡适聘为中国公学的讲师，后在山东青岛大学教书，1938年又任西南联大教授。

关于沈从文当教书先生，还有一个趣事。据说他第一次登台授课那天，面对下面众多学生，十分紧张，在讲台上足足站了十分钟也不敢讲话。最后不得不开口，结果只讲了十分钟就草草收场，窘迫地在黑板上写道："我第一次上课，见你们人多，怕了。"学生议论纷纷，传到校长胡适那里，胡适笑着说："上课讲不出话来，学生不轰他，这就是成功。"

他一生成就颇多，不仅是一个作家、老师，还是一个历史学家和考古学家。中华人民共和国成立以后，他便由写作转向了历史文物研究，主要研究中国古代服饰，1981年出版了《中国古代服饰研究》。

沈从文一生都在探讨文学和生命的关系，都在追求人性之美，他说：“这世界或有在沙基或水面上建造崇楼杰阁的人，那可不是我，我只想造希腊小庙。选小地做基础，用坚硬石头堆砌它。精致、结实、对称，形体虽小而不纤巧，是我理想的建筑，这庙供奉的是‘人性’。”他也确实为我们的文学世界贡献了这样一个美而和谐的“小庙”。

1987年和1988年，沈从文两度入围诺贝尔文学奖。1988年5月10日，他因病在北京去世，走完了传奇的一生。他的创作，深深地烙印在了现代文学的长廊里，也为文学创作开辟了一条曲径通幽的新路径。京派文学便以他的创作风格和成就为主要标志和方向。同时他也影响了很多作家，其中最主要的便是汪曾祺。汪曾祺的作品如《受戒》等后来备受关注，从文中也能看出沈从文的影子。

沈从文和他的湘西世界在文学历史中成了一道不容忽视的风光，让人们在纯美中感受文学和生命的不息力量。

第十六章

冯至：孤独沉思的吹箫人

他是鲁迅心中中国最为杰出的抒情诗人。

他是公认的中国新诗史上的现代派大家。

他是德国格林兄弟文学奖的获得者。

他是冯至，原名冯承植，1905年出生于当时称为直隶省（现在的河北省）的涿州市。冯家以前是有名的盐商，世世代代经营盐业，但是在冯至出生的时候，冯家已经家道中落。冯至的父亲冯文澍是个温和淡泊的读书人，在冯家大家庭中孤独地生活着。年幼的冯至常常听父亲讲解《唐诗三百首》《古文观止》中的古典篇章，听母亲讲《今古奇观》《聊斋志异》中的传奇故事，父母是冯至走上文学道路的启蒙者。

冯至九岁那年，母亲因病去世，这给冯至带来很大的打击。冯至曾经在他的《昨日之歌》里写道：“母亲把她的歌声，真切地留在儿子的心中。”冯至一直深深地怀念着母亲，母亲去世后，他在那样一个大家庭里感到更加压抑，变得沉默寡言，孤独感在内心蔓延开来，此后在他的创作中不断得到表现。

母亲去世后的第二年，父亲娶妻朱氏，冯至有了继母。并不是所有继母都像《白雪公主》《灰姑娘》中的继母那样恶毒可怕，继母朱氏待冯至很好，就像对待亲生儿子一样。冯至小学毕业那年，亲戚们觉得家中经济困难，不想再出钱让冯至继续读书，继母朱氏力排众议，极力支持冯至求学深造。在继母朱氏的帮助下，冯至到北京京师公立第四中学读书，住在继母的堂弟家，舅父舅母对冯至也非常好，舅父擅长国画，冯至从舅父那儿学到不少绘画知识，美学素养得到提升。

1919年五四运动爆发后，冯至所在的中学像北京其他学校一样，学生们开始参加罢课游行。冯至在新思潮中阅读了大量传播新文化的报纸杂志，比如《新青年》《新潮》《晨报》副刊等，他读到鲁迅的短篇小说《药》之后，感到十分震撼，之后每逢鲁迅发表作品，冯至必找来阅读。在那个年代，鲁迅是许多青年人精神上的导师，冯至正是这些青年中的一名。

在“五四新文化运动”巨大的感召力下，十五岁的冯至和同学筹集经费，创办了《青年旬刊》杂志，在上面发表一些诗歌和其他习作。由于经费不足，《青年旬刊》在出版四期后停刊，但冯至在创办期间积累了办刊物的经验，体验到了创作的喜悦。中学毕业后，冯至回到家乡，读到了郭沫若、田汉、宗白华三个人的通信集《三叶集》，也读了郭沫若的《凤凰涅槃》《天狗》，加深了对新诗的了解，知道了歌德、海涅等西方诗人的名字，初步踏上了诗歌之路。

1921年春天，继母朱氏在北京病逝，冯至十分悲伤，再次体会到了丧母之痛。几个月后，冯至考入北京大学预科，在此期间广泛阅读中国古典诗词、外国诗歌和小说，以及新文化运动以来郭沫若、康白情等人的新诗。此时的冯至已经积累了丰富的诗歌阅读经验，他根据自己的人生感悟，写出了诗歌《绿衣人》：

一个绿衣的邮夫，
低着头儿走路；
——也有时看着路旁。
他的面貌很平常，
大半安于他的生活，
不带着一点悲伤。
谁来注意他
日日的来来往往！
但他小小的手中，
拿了些梦中人的运命。
当他正在敲这个人的门，
谁又留神或想——
“这个人可怕的时候到了！”

这首诗后来被冯至收录在他的诗集《昨日之歌》中，而且是开篇第一首，因此通常被认为是冯至诗歌创作的真正开始。据说此诗灵感来源于冯至在北京胡同里看到的一个邮递员。在诗歌的前半段中，“绿衣人”是一个孤独的普通劳动者的形象，他“低着头儿走路”，“安于他的生活”，虽然表面上“不带一点悲伤”，但悲伤被隐藏在心底。可是在诗歌的后半段，画风陡转，看似平常的绿衣人仿佛掌握着每个人的命运，在他送出信件的那一刻，有的人便说“可怕的时候到了”。孤独和忧郁从绿衣人身上扩散到更多的人身上，从个体的孤独变成群体的孤独，孤独——这个冯至诗歌中永恒的主题得到了表达。

冯至陆续发表的诗歌引起了浅草诗社的注意，邀请冯至加入浅草诗社。浅草诗社是20世纪20年代颇有影响力的诗社，冯至参加了一些浅草诗社的活动，结识了几位写诗的青年朋友，比如杨晦、陈翔鹤等，他们志同道合，一起在写诗的道路上携手并进。冯至在《浅草季刊》发表诗歌、散文和译作。后来他在北京大学蒙鲁迅授课后，曾经将一本《浅草季刊》送给鲁迅，鲁迅在日记里有所记载：“这赠品是多么丰饶啊。”

不久之后，由于浅草诗社的主要组织者林如稷出国，浅草诗社渐渐名存实亡。冯至和杨晦、陈翔鹤另外办了刊物《沉钟》，“沉钟”这个名字是冯至所取，源于德国名剧《沉钟》，剧中的铸钟者坚韧不拔，自强不息。沉钟诗社正如这个铸钟者一样，坚持了十年之久。在文学社团不断出现又不断消失的环境里，沉钟诗社的坚持显得尤为可贵。鲁迅曾经高度称赞沉钟诗社，认为它是“中国的最坚韧、最诚实、挣扎得最久的团体”。

事业之外，冯至也开始了一段美好的恋情。冯至通过杨晦认识了当时在北京师范学校读书的姚可崑，两人因为文学而结成了这段姻缘。宋朝时秦观曾经写道：“两情若是久长时，又岂在朝朝暮暮。”冯至践行了这句话，虽然舍不得离开姚可崑，仍然没有放弃去德国留学的机会，1930年前往德国攻读文学、哲学与艺术史。1932年，姚可崑毕业后，攒好去德国的旅费，到柏林与冯至团聚，两人一起在学校学习，携手进步，相依相伴直到终老。

1935年9月，冯至学成回国，到上海的同济大学担任教授，不久后抗日战争全面爆发，冯至和很多知识分子一样，移向西南方避难，在昆明任西南联合大学德语教授。“国家不幸诗人幸”，这句话是指在国家多灾多难的时候，会让诗人有分外多的感慨，激发诗人的灵感，写出更多优秀的作品，因此对诗人来说是某种“不幸中的幸运”。在那个战火硝烟的年代里，西南联合大学出现了一个“西南联大诗人群”，他们沉思国家的前途，沉思生命的内涵，沉思个人的未来，一起谈论诗歌，创作诗歌。

在西南联大开放的文化氛围中，冯至进入了创作高峰期，创作了《十四行集》，这部诗集被视为中国新诗史上不可多见的个人精神笔录。《十四行集》里的诗歌遵守“十四行诗”的体式，却又有灵活的变换，不会刻意去附和十四行的格律。将眼前的景物和往日的经验融合在一起，将心中的感受诉诸文字：

我们准备着深深地领受，
那些意想不到的奇迹，
在漫长的岁月里忽然有
彗星的出现，狂风乍起；

我们的生命在这一瞬间，
仿佛在第一次的拥抱里，
过去的悲欢忽然在眼前
凝结成屹然不动的形体。

我们赞颂那些小昆虫，
它们经过了一次交媾，
或是抵御了一次危险，

便结束它们美妙的一生。
我们整个的生命在承受，
狂风乍起，彗星的出现。

——《十四行集》

冯至早期的浪漫主义风格，随着年龄的增长、阅历的增加变得沉潜，他开始对个体的生命状态进行形而上的思考。在德国留学期间，他接受了海德格尔、雅斯贝尔斯的存在主义思想，在诗歌中探讨存在的意义。他深深地喜欢里尔克的诗歌，受里尔克沉静内敛的诗歌风格影响，在此时的诗歌中注重和描写的事物拉开距离，诗句更耐人仔细品味。

冯至在《十四行集》的序言中写道："有些体验，永久在我的脑里出现；有些人物，我不断地从他们那里吸取养分；有些自然现象，它们给我许多启示：我为什么不给它们留下一些感谢的纪念呢？由于这个念头，于是从历史上不朽的精神到无名的村童农妇，从远方的千古名城到山坡上的飞虫山草，从个人的一小段生活到许多人共同的遭遇，凡是和我的生命发生深切的关联的，对于每件事物我都写出一首诗……"路、水、风、云、山、松树、浓雾……一切在冯至笔下都被赋予了形态，象征着某种与生命呼应的自然物，彼此相互关联，有疑问，有思索，有答案，让我们在美妙的诗句中领略人生的复杂多义。

自古以来，英雄相惜，诗人也相惜。冯至在德国留学时，发现西方作家几乎都有长篇传记，而中国却很少。早在两千年前，孟子就说过"知人论世"——要知道一个作家的生平和经历，才能更好地了解他的作品。于是冯至决定为诗人杜甫写一部传记。为什么是杜甫呢？因为杜甫是唐代最伟大的诗人之一，李白和杜甫并肩而立，是唐诗中的两座丰碑，杜甫的一生经历了国家兴衰，因为战争颠沛流离，诗歌中充满忧国忧民的思绪，沉潜的风格也与冯至的诗歌风格相通。冯至开始搜集资料，着手书写一部厚重的《杜甫传》。

《杜甫传》中的许多语句也颇能展现当时冯至的思想观念：

他离开时，心境是很凄凉的。他不能“从容陪笑语”供奉皇帝，觉得好像是一个被遗弃的人，他当时只认为这对于他政治的前途是一个打击，但他并没有意识到，他从那狭窄的天地里解放出来了，对于他的诗的发展却是一个大的恩惠：他由此才得到机会，又接近战乱中的人民，认清时代的苦难，因此而恢复并且扩展了他的广大的诗的国土，从一个皇帝的供奉官回到人民诗人的岗位上。

《杜甫传》完稿之时，中华人民共和国已经成立，人民成为国家的主人。冯至当时执教于北京大学西语系，已经是国内研究德国文学的专家、知名学者，但依然为人谦逊平和，平等地对待身边的每一个人，不喜欢别人称呼他的职称、头衔，只让人称呼他为“冯至”或者“冯至同志”。1954年，第一届全国人民代表大会召开，冯至当选为人大代表。

冯至一直持之以恒地从事外国文学研究工作，1980年被聘为瑞典皇家文学、历史、文物科学院外籍院士，1983年获得歌德奖，1985年获得格林兄弟文学奖，1986年被授予奥地利科学院通讯院士……他陆续获得了很多奖章，但他觉得自己仍是一个非常平凡的人，这些都是身外之物，并不值得骄傲，重要的是不断有新的研究成果和作品。

冯至是一个脾气特别好的人，总是让人觉得性情平和。1989年，冯至患胸膜炎，住进医院治疗。他在生病时，因为一些事情胸中郁闷。他的女儿劝解他说：“你发一发脾气嘛！一发不就舒服了吗？”冯至苦笑着说：“你叫我怎样学会发脾气呢？”他的人和他的诗歌一样，沉稳严谨，闪烁着柔和温暖的光芒。

1993年2月，冯至去世，走过了八十八年的漫漫人生旅途。

在中古，西方的高山，
高山内，洞宇森森；
一个壮美的青年，
他在洞中居隐。

不知是何年何月，
他独自登上山腰；
身穿着闲雅的长衫，
还带着一支洞箫。

他望那深深的深谷，
也不知望了多少天，——
更辨不清春夏秋冬，
四季的果子常新鲜。

他顺手拿起洞箫，
无心地慢慢吹起——

——《吹箫人》

这是冯至在1923年所写的诗歌《吹箫人》中的部分诗句，这首抒情诗，讲了一对青年男女的恋爱故事，是怎样的一个跌宕曲折的故事呢？在这里我们先不讲，如果读者朋友有兴趣，可以找来看一看。

冯至就像一个吹箫人，在寂静的山顶孤独地沉思着，吹奏出一行行优美动人的诗句，仿佛绵绵的云朵，飘浮在我们心中。

第十七章

曹禺：东方的莎士比亚

天色不早了，地上拖着阳光惨黄的影子。窗帘拉起来，望出去，展开一片莽莽苍苍的草原，有密云低低压着天边，黑森森的。屋内不见人，暮风吹着远处的电线杆，激出连续的凄厉的呜呜声音。外面有成群的乌鸦在天空盘旋；……盘旋……不断地呼啸……风声略息，甚至于听得见乌的翅翼在空气里急促地振激。渐渐风息了，一线阳光也隐匿下去，外面升起秋天的雾，草原上灰沉沉的。厚雾里不知隐藏着些什么，暗寂无声。偶尔有一二只乌鸦在天空飞鸣，浓雾漫没了昏黑的原野。

读完这一段，有没有觉得仿佛置身于狂风呼啸的原野之中？它是曹禺戏剧《原野》的第一幕第一段，仅仅两百字的笔墨，将阴森恐怖的氛围烘托得淋漓尽致。

《原野》是著名的“曹禺三部曲”之一，另外两部是《雷雨》和《日出》。每一部都是20世纪中国戏剧史中的明珠，灵活地运用西方近代戏剧创作艺术，展现中国社会现实，洋溢着浓厚的诗意，矛盾冲突紧紧吸引人的注意，既有可读性，又有可演性。中国话剧在曹禺这里完成了现代化，他因此被誉为“东方的莎士比亚”。

曹禺二十三岁时就写出了成名作《雷雨》，如此年轻，便能写出如此有爆发力的戏剧，与曹禺的家庭环境有关。1910年，曹禺出生在天津，原名万家宝，“万”字的繁体字是“萬”，上面是“草”字头，下面是“禺”字，他将“草禺”取相近的音，便得到了“曹禺”这个名字。万家是个大家族，曹禺的祖父是位教书先生，曹禺的父亲曾经考取政府公派留学生，到日本留学，毕业回国后做过师长，后来不再做什么事，四十多岁即进入了退休的状态。曹禺出生时家境不错，有一栋小白楼，现在被政府列为文物保护单位，名为“曹禺故居”。

曹禺的父亲曾经娶了三个妻子：曹禺的哥哥和姐姐是父亲的第一任妻子所生，第一任妻子因病去世；第二任妻子是曹禺的生母，在生下曹禺后得了产褥症，很快逝世；第三任妻子是曹禺生母的双胞胎妹妹，抚养曹禺长大。因为自幼失去生母，曹禺常常感觉十分孤独，继母常常带小时候的曹禺去看戏，保姆段妈陪曹禺睡觉时给他讲一些家乡的故事，让养尊处优的曹禺了解穷苦人民的生活，为曹禺将来的创作积累了素材。

父亲和继母长年吸食鸦片，天亮才入睡，傍晚方才起床，曹禺下午放学回家时，父母都在睡觉，整幢楼房里寂静无声，像座坟墓一样，让曹禺感到空虚害怕。曹禺的父母经常吵架，父亲很疼爱曹禺，但对曹禺的哥哥十分不满意，哥哥也很仇视父亲，家中氛围一片紧张，因此曹禺才写出了《雷雨》中那样的家庭。

曹禺没有读过小学，家里请来教师教曹禺读孔孟之道，他偷偷地读《红楼梦》《西游记》《镜花缘》《聊斋志异》等小说，也读翻译成中文的西方文学，比如《鲁滨孙漂流记》、莎士比亚的戏剧等。十二岁时考入南开中学，加入南开新剧团，积极参加各种戏剧活动。十九岁时父亲因病去世，曹禺从南开大学转入清华大学，在清华大学阅读了古今中外的戏剧名作，一心一意地沉浸在戏剧中。

1931年，曹禺在清华大礼堂演出挪威作家易卜生的话剧《娜拉》，出演女主角娜拉。年轻貌美的女学生郑秀去观看了演出，后来经同学介绍见到了曹禺，得知面前这个圆脸男青年竟然是刚刚在舞台上的娜拉，郑秀十分惊讶。曹禺对郑秀一见钟情，一年后，郑秀考入清华大学法律系，曹禺十分高兴，几次邀请郑秀出演他导演的戏剧，对郑秀展开了追求，不久后两人开始恋爱，也正是在这个时期，曹禺开始埋头创作剧本《雷雨》。

两个家庭三十年间的爱恨情仇在《雷雨》中缓缓展开，人物关系非常复杂：大资本家周朴园在年轻时爱上家中的女佣侍萍，两人生下了两个儿子，后来为了让周朴园娶有钱人家的小姐，周家人逼迫侍萍投河自尽，侍萍带着二儿子大海逃得一命，嫁给了鲁贵，并且生了女儿四凤。周朴园和侍萍生下的大儿子周萍留在了周家，周朴园后来娶了新妻子蘩漪，两人生下了儿子周冲，但周朴园和蘩漪夫妻之间关系很冷淡，蘩漪和周萍渐渐发生了私通。周萍既畏惧父亲的威严，又对这种乱伦关系觉得羞耻，决定疏远蘩漪，移情于侍女四凤，周冲也爱上了纯洁美丽的四凤。

蘩漪发现周萍变心后，找来四凤的母亲侍萍，让她将四凤接走。侍萍来到周家，见到了周朴园。大海在周家的矿上当工人，作为罢工代表来与周朴园交涉。最后，在一个雷雨交加的夜晚，在周家的客厅里，真相公之于众，周萍发现原来四凤是自己同母异父的妹妹，四凤羞愧地冲出客厅，不小心触电而死，周冲跟在四凤身后也触电身亡，周萍开枪自杀，大海离家出走，侍萍和蘩漪无法承受这惊人的打击，成为疯子，只剩下周朴园一个人在忏悔中痛苦地度过漫漫余生。

在周朴园多年后重新见到侍萍之前，他似乎十分挂念侍萍，她是他心底的一段回忆。可是在真正的侍萍重新出现在他面前时，他却变得警惕，曹禺对周朴园的心理变化描绘得十分细腻：

周朴园：哦，侍萍！（低声）怎么，是你？

鲁侍萍：你自然想不到，侍萍的相貌有一天也会老得连你都不认识了。

周朴园：你——侍萍？（不觉地望望柜上的相片，又望鲁妈。）

鲁侍萍：朴园，你找侍萍么？侍萍在这儿。

周朴园：（忽然严厉地）你来干什么？

鲁侍萍：不是我要来的。

周朴园：谁指使你来的？

鲁侍萍：（悲愤）命！不公平的命指使我来的。

周朴园：（冷冷地）三十年的工夫你还是找到这儿来了。

鲁侍萍：（愤怨）我没有找你，我没有找你，我以为你早死了。我今天没想到到这儿来，这是天要我在这儿又碰见你。

周朴园冷漠虚伪的形象跃然纸上，他一心维护封建家庭的秩序，维护他认为的“最圆满”的家庭，造成了所有悲剧的起源。蘩漪激烈地反抗周朴园的精神压迫，不顾一切地追求继子周萍，独立的精神意志在觉醒，最终以“雷雨”式的激情摧毁了一切。在《雷雨》中，曹禺透过错综复杂的人际关系来思考人生和人性，展露出耀眼的才华。

曹禺写完《雷雨》后，投给了《文学季刊》的主编靳以，机缘巧合之下，巴金读到了《雷雨》，觉得非常惊艳，强烈推荐发表。《雷雨》刊登在1934年7月出版的《文学季刊》上，发表后广受欢迎，戏剧家、评论家李健吾说《雷雨》是“一出动人的戏，一部具有伟大性质的长剧”，曹禺一举成为重要的戏剧作家。

在《雷雨》之后，1935年，曹禺又创作了《日出》。女主角陈白露起初是一个天真可爱的女孩，在纸醉金迷的诱惑下，成了一名出卖青春的交际花，陷入腐朽颓废的生活不能自拔，却又不愿意再过这样的生活，最终走投无路地选择自杀。如果说《雷雨》主要讲一个家庭的故事，《日出》则将关注点放在社会的各个阶层，刻画出众多有特色的人物，穷者更穷，富者更富，愤怒地揭露了社会不公的状况，对人性进行深入的解剖。

《日出》虽然是一出悲剧，但是陈白露在对日出的向往中死去，曹禺在劳动人民身上看到了希望，在结尾描绘了光明的未来：

里面还是不答应，他转过头去听窗外的夯歌，迎着阳光由中门昂首走出去。

由外面射进来满屋的太阳，窗外一切都亮得耀眼。

砸夯的工人们高亢而洪壮地合唱着《轴歌》：“日出东来，满天大红！要想得吃饭，可得做工！”沉重的石硪一下一下落在土里，那声音传到观众的耳里是一个大生命浩浩荡荡地向前推，向前进，洋洋溢溢地充满了宇宙。

屋内渐渐暗淡，窗外更光明起来。

曹禺的人生也开启了新的篇章，1936年11月在南京和郑秀举行了订婚仪式，巴金、田汉、张天翼等重要作家都前来参加，并且送礼物庆祝。然而好景不长，1939年，由于日军来袭，曹禺和郑秀居住在四川的一座小城，曹禺担任戏剧学校的老师，每天为事业忙碌，郑秀闲来无事，常常打牌消磨光阴，两人在生活和兴趣上的不同渐渐导致婚姻裂痕的出现。

曹禺认识了住在附近的方瑞，方瑞擅长书画，曹禺对温婉娴静的方瑞心动，觉得方瑞才是他理想中的妻子，两人开始同居，曹禺以方瑞为原型创作了《北京人》中的女主人公愫方。曹禺多次向郑秀提出离婚，郑秀都不同意，直到1950年两人才终于离婚，曹禺与方瑞结为夫妻。

1951年曹禺担任北京人民艺术剧院的院长，“北京人艺”至今仍然是非常有影响力的剧院。曹禺努力在政治限制中寻找突破，开始将目光投向了历史题材，创作了历史剧《胆剑篇》和《王昭君》，借历史人物的际遇来抒发对现实的感慨，既尊重历史，又不拘泥于历史，再度展现了曹禺成熟的戏剧功力，但是与早年的《雷雨》《日出》相比，却欠缺了几分动人心魄的震撼力。

曹禺的妻子方瑞去世后，曹禺的儿女劝他和第一任妻子郑秀复婚，但是曹禺却娶了京剧表演艺术家李玉茹，这是曹禺的第三段婚姻，李玉茹陪伴着曹禺直到他离开人世。曹禺最后的人生八年几乎都在医院里度过，病床边始终放着各式各样的书籍和笔记本，在笔记本上记录他的所思所想以及剧本提纲，不肯放下自己热爱的文学创作事业。有一次他读着《托尔斯泰评传》时突然发起感慨："我要写出一个大东西才死，不然我不甘，我越读托尔斯泰越难受。"他始终怀着积极向上的进取心，不止步于从前的成绩，希望能创作出更好的作品给读者和观众。

"写作这种东西，可是心血，是心血啊！心血这个东西，是多少年的经验，多少年的思想感情里渗透出来的。"曹禺在戏剧艺术上倾注了毕生的心血，1996年的冬天，这位戏剧家闭上了眼睛，离开了这个世界。

曹禺作为一位戏剧大师，不仅是中国话剧艺术的奠基者，而且是20世纪话剧艺术发展的一个杰出代表。曹禺在中国戏剧史上具有不可替代的地位，他的作品至今依然在世界各地不断地上映，经受住了时光的考验，经久不衰……

第十八章

钱锺书：嬉笑怒骂皆成文章

他是一名偏科奇才——考大学的时候，虽然数学只考了15分，然而外语成绩是满分，国文成绩是特优，于是被破格录取到清华大学。

他曾经年少狂傲——即将从清华大学毕业，很多教授劝他留在学校研究院继续攻读研究生，他却直截了当地拒绝：“整个清华没有一个教授够资格当钱某人的导师。”

他是中国的文化象征——有外国记者说：“来到中国，有两个愿望，一是看看万里长城，二是见见钱锺书。”

他是钱锺书，1910年出生于江苏省无锡市。钱家家学渊源，钱锺书的父亲钱基博是古文学家、教育学家，曾经整理出版《国学必读》。中国民间有“抓周”的传统习俗，即在小孩周岁生日时，举行“抓周”仪式，在桌子上摆放笔、墨、书、画、钱币、算盘等物品，让小孩自己去选择摸，来看小孩的兴趣爱好。钱锺书当时伸手向书摸去，于是后来取名为“锺书”，有趣的是，钱锺书这一生果然对书情有独钟。

因为钱锺书的伯父钱基成家没有儿子，于是按照惯例，钱锺书生下来后过继给伯父伯母抚养。钱基成的教育方式是放羊式的，每天上午带着钱锺书去喝茶、听说书、品小吃，下午授课，钱锺书玩得十分开心，但难免会因此晚睡晚起，荒废了功课。

钱锺书十岁时，钱基成去世，钱锺书由父亲直接教导，钱基博对钱锺书管教得十分严格。钱锺书开始读《古文辞类纂》《骈体文钞》《十八家诗钞》等古代典籍。他天资聪颖，据说有过目不忘的本事，像照相机一样，看过的书会被刻在脑海里，所以后来英语和国文才会考出那么惊人的成绩，1929年考入清华大学。

到达清华大学后，钱锺书的志向是“横扫清华图书馆”，每天横扫中外书籍，文学、哲学、心理学等学科的书籍都有所阅读，爱好广泛。他上课从来不记笔记，而且边听课边看闲书或者练书法、画画。钱锺书有位同学姓许，当年喜欢一个漂亮女同学，上课时向女同学暗送秋波，钱锺书一直默默观察着许同学的目光变化，并且边观察边画了下来，取名为《许眼变化图》，将这幅画传给其他同学看，全班都忍俊不禁。虽然钱锺书上课似乎并不留心听讲，但每次成绩都是第一名，曾经还破过清华大学的纪录。由此可见钱锺书的智商之高。

钱锺书和妻子杨绛的爱情美满得让人艳羡。有句话说出了钱锺书的心声：“我见到她之前，从未想到要结婚；我娶了她几十年，从未后悔娶她，也未想过要娶别的女人。”钱锺书和杨绛正是如此——他们相识于清华大学的古月堂门口，偶遇之时，杨绛觉得钱锺书眉宇俊秀，钱锺书觉得杨绛清新脱俗。两人一见钟情，钱锺书迫切地向杨绛澄清绯闻：“外界说我已经订婚，这不是事实，请你不要相信。”杨绛也对钱锺书说：“坊间传闻追求我的男孩子有孔门弟子‘七十二人’之多，也有人说费孝通是我的男朋友，这也不是事实。”两个年轻人倾心相许，又有着共同的兴趣，琴瑟相和，直至终老。

钱锺书的父亲和杨绛的父亲都是江苏无锡有名的读书人，两家可谓是门当户对。两人相恋时，曾经常常写书信给对方。有一次杨绛写给钱锺书的信被钱锺书的父亲钱基博收到，钱老先生好奇地拆开信，读到杨绛在信中说“现在吾两人快乐无用，须两家父母兄弟皆大欢喜，吾两人之快乐乃彻始彻终不受障碍”，他十分开心，觉得杨绛是个聪明懂事的姑娘，能够成为钱锺书的贤妻。

1935年7月，钱锺书和杨绛结婚。婚后两人一起到英国牛津大学留学，因为钱锺书以第一名的成绩考取了英国庚子赔款公费留学生。夫妻两人常常比赛谁读的书多，钱锺书觉得一本书在读第二遍时，会发现第一遍时有疏漏的地方，要读好几遍才会发现最精彩的句子。杨绛则并不同意他的这个观点，觉得读书要随性，喜欢的便多读几遍，不喜欢的翻一翻便可以了。两人读书习惯不同，读书速度却不相上下。

在牛津大学时，杨绛怀有身孕。钱锺书虽然极为聪明，但并不擅长处理生活琐事，在料理日常生活时显得略为笨拙。杨绛怀孕住院期间，钱锺书每天到医院探望，常会带来“坏消息”，比如打翻墨水弄脏了桌布，比如砸到了台灯，比如弄坏了门轴。每次杨绛听后都会笑着宽慰他“不要紧，我会修”，钱锺书听完便放了心，杨绛生下女儿钱瑗出院后，果然都将这些修好，钱锺书后来在文学和学术上取得的丰硕成果，与杨绛经年累月的贴心照顾是分不开的。

1938年秋天，钱锺书和杨绛学成回国，被聘为清华大学教授，开始写作《谈艺录》，用中西文化交融的眼光来分析中国古代诗学理论，博采众家之长，文字鞭辟入里，是一部至今仍十分有影响力的学术著作。1941年12月，钱锺书出版了他的第一部散文集《写在人生边上》，散文里的篇目由杨绛挑选而成，包括《魔鬼夜访钱锺书先生》《论快乐》《一个偏见》等十篇，内容机智幽默，谈及对人生的种种见解，嬉笑怒骂皆成文章，比如《读伊索寓言》里的这一段文字：

比我们年轻的人，大概可以分作两类。第一种是和我们年龄相差得极多的小辈；我们能够容忍这种人，并且会喜欢而给予保护；我们可以对他们卖老，我们的年长只增添了我们的尊严。还有一种是比我们年轻得不多的后生，这种人只会惹我们的厌恨以至于嫉忌，他们已失掉尊敬长者的观念，而我们的年龄又不够引起他们对老弱者的怜悯；我们非但不能卖老，还要赶着他们学少，我们的年长反使我们吃亏。这两种态度是到处看得见的。譬如一个近三十的女人，对于十八九岁女孩子的相貌，还肯说好，对于二十三四岁的少女们，就批判得不留情面了。所以小孩子总能讨大人的喜欢，而大孩子跟小孩子之间就免不了时常冲突。一切人事上的关系，只要涉到年辈资格先后的，全证明了这个分析的正确。

他说读《伊索寓言》会给人带来三种安慰：第一，这本古代的书会让我们为现代文明而骄傲；第二，这本小孩子读物会让我们这些大人越发觉得自己已经不再幼稚；第三，看到里面动物们的糊涂行径，会让我们觉得有教导他人的重担，并且举了许多寓言为例来佐证。钱锺书将这些感受写得很风趣，字里行间又蕴含着哲理，对庸俗虚伪充满了鄙夷，字字珠玑，闪烁着智慧的锋芒，令人拍案叫绝。

钱锺书和杨绛的创作事业相互激励，相互促进。1942年年底，杨绛创作了话剧《称心如意》，演出后迅速蹿红，广受欢迎，后来杨绛又创作了戏剧《弄假成真》《皆大欢喜》，均产生了巨大影响，杨绛因此成为20世纪40年代重要的戏剧作家。才华横溢的钱锺书不甘落后，开始创作长篇小说《围城》，每天晚上将写完的稿子给杨绛看，两人相对而笑，其乐融融。这部《围城》被著名的文学评论家夏志清先生认为是“中国近代文学中最有趣、最用心经营的小说，可能是最伟大的一部”。

婚姻像一座城堡，“城外的人想冲进去，城里的人想逃出来”。《围城》确实浓墨重彩地书写了主人公的情感经历，但“围城”的内涵并不仅仅局限于婚姻，而是贯穿于人生各个层面的生存境遇。主人公方鸿渐购买了一张博士学位证书，从国外“留学”归来，在战争中逃亡，供职于一所大学，学校里的知识分子相互倾轧，人际关系复杂。方鸿渐与鲍小姐、苏文纨、唐晓芙、孙柔嘉几位女性分别产生了不同的感情纠葛，最后稀里糊涂地与孙柔嘉结婚，婚后常常吵架，年轻时的锐气被生活渐渐消磨。

《围城》被称为“新儒林外史”，写出了战争形势下知识分子的心理面貌，既尖锐地批判了中国传统文化根性的弊端，也犀利地讽刺西方某些浮夸的做派。钱锺书最妙的地方在于将人的微妙心理刻画得细腻生动，并且使用了很多巧妙的譬喻，精彩的名言警句纷至沓来，让人叹为观止，我们来一起欣赏：

1. 假使订婚戒指是落入圈套的象征，钮扣也是扣留不放的预兆。

2. 他全无志气，跟上甲板，看她们有说有笑，不容许自己插口，把话压扁了都挤不进去……

3. 那记录的女生涨红脸停笔不写，仿佛听了鸿渐最后的一句，处女的耳朵已经当众丧失贞操。

4. 许多人谈婚姻，语气仿佛是同性恋爱，不是看中女孩子本人，是羡慕她的老子或她的哥哥。

5. 女人原是天生的政治动物。虚虚实实，以退为进，这些政治手腕，女人生下来全有。女人学政治，那真是以后天发展先天，锦上添花了。

《围城》是一部出色的讽刺小说，对中国现代化过程中传统与现代的矛盾、文化价值的混乱做出了贴切的展现，它像一坛陈年老酒，经历过时光的酝酿，越来越香醇。有外国学者看到《围城》后惊叹不已，曾经打电话给钱锺书，希望能够拜访他。钱锺书机智地对他说："假如你吃了一个鸡蛋觉得很好，何必一定要去找下这个鸡蛋的鸡呢？"这句回答流传广泛，既巧妙风趣，又具有让人深深认同的说服力。

1972年，钱锺书开始着手写作《管锥篇》，全文一共约130万字，是一部辉煌的学术著作。《庄子·秋水》中说："譬如以管窥天，以锥刺地——所窥者大，所见者小，所刺者巨，所中者少。"《管锥篇》以此得名。他将自己阅读的中国古代典籍的心得以笔记体写成这部作品，

《管锥篇》又被称为“国学大典”，钱锺书的学识之渊博，令人叹为观止。

钱锺书是位淡泊名利的人。1989年，因为钱锺书的著作有着深远的意义，一些学者成立了“钱锺书研究”编委会，钱锺书极力反对。1991年，全国十八家省级电视台联合拍摄《中国当代文化名人》，钱锺书是首批的三十六人之一，可是他拒绝了拍摄请求，别人告诉他会有酬劳，他淡淡地笑了笑，用他一贯的“钱氏幽默”回答道：“我都姓了一辈子‘钱’了，还会迷信这东西？”

1998年12月19日，八十八岁的钱锺书先生在北京去世。杨绛坐在钱锺书的病床前，握着他的手，在他耳边柔和而坚定地说：“你放心，有我呐。”钱锺书缓缓合上了双眼，在杨绛的陪伴下，走完了人生的最后一程。

有人曾经这样评价他：“当代学人，最不可思议者，当数钱锺书。他不仅有惊人的渊博和睿智，更有无与伦比的文化包容力；他能够像魔术师一般，把种种本不亲和甚至相互排斥的东西，不落痕迹、天衣无缝地融合在一起。”

在现代文坛，他是才子中的才子。钱锺书先生的魅力在他的作品中得到了淋漓尽致的体现。

第十九章

苏青：世俗婚姻的感悟

20世纪40年代有两位震惊文坛的才女，一位是我们这篇要谈的苏青，另一位是我们下篇即将谈到的张爱玲。

或许你早就听过张爱玲的名字，但觉得苏青这个名字有些陌生，可是在20世纪40年代的上海，苏青的名气丝毫不亚于张爱玲，她的小说《结婚十年》受到读者热烈追捧，创造了当时出版界的奇迹。

《结婚十年》被视为苏青的自传体小说，讲述了一个女人结婚、生子、工作、离婚等经历，展示了当时时代形势，以及一名女性在社会上生存是有多么不容易。其中很多与苏青自身的经历有关，因而小说中的内容分外真实可感。

苏青到底经历了什么，才写成了《结婚十年》这部传奇呢？

让我们一起来回顾苏青的一生。

苏青原本的名字叫冯和仪，有着“鸾凤和鸣，有凤来仪”的美好寓意，“苏青”是她的笔名。1914年，苏青出生于浙江省宁波市，她的家乡有一个美丽的名字——浣锦乡，苏青后来写了一本散文集，名字就叫作《浣锦集》，她在后记里回忆道：“我是生长在宁波城西一个叫作浣锦乡的地方，其名称的来历不知道，我只知道我家的房子很大，走出大门不远处，有一石桥曰浣锦桥。在幼小的时候，我常常随着祖父到桥边去，桥边石栏上坐着各式各样的人，他们都在悠闲地谈天……”

冯家曾经显赫一时，刚刚苏青提到的那位常常带她到桥边的祖父冯丙然是清朝的举人，曾经在宁波的小学、中学担任过校长，担任过浙江省府参议长，相当于现在的浙江省副省长。苏青的祖父思想十分开明，教育苏青从小读书写字，为她将来走上文学之路奠定了最初的基础。苏青的父亲曾经出国留学，回来后在上海的银行当副经理。苏青的母亲鲍云仙从事教育工作，抵制纳妾的旧制度。苏青的父母虽然相敬如宾，但貌合神离，父母的婚姻状况对苏青未来的婚姻观产生了潜移默化的影响。

冯和仪，原本是一个温婉文雅的名字，可是苏青自幼就喜欢玩弹弓和在船上游玩，像个假小子一样四处乱跑，性格十分开朗。她聪明伶俐，说得一口流利的英文，非常喜爱文学，在浙江省第四中学读书时，不断在校刊上发表文章，加上她美丽的容貌，被同学们称为“天才的文艺女神”。

1933年，十九岁的苏青考入了当时的国立中央大学，即现在的南京大学，她是宁波市唯一一个考入国立中央大学的女学生，非常难得。那时苏青的理想是成为一名外交官，读的正是外文系，苏青心里有说不出的喜悦。可惜的是，苏青刚刚读了一年，父母就催促她回家结婚，于是她退学回到宁波。苏青的丈夫李钦后和她是初中同学，就读于上海东吴大学，李家和冯家父母订下婚事后，因为担心李钦后和苏青在大学里读书太久会导致婚事发生变故，于是让他们结完婚再去读书。然而，苏青在婚后不久就怀孕，只好退学回家，当外交官的梦想从此灰飞烟灭。

苏青和李钦后的婚姻生活并不幸福，李钦后常常在外面拈花惹草，苏青虽然悲愤，却也无可奈何。1935年，苏青生下了一个女儿，但李家有着浓厚的重男轻女思想，对苏青和女儿都特别冷落。苏青感到十分失落，为了抒发胸中的郁闷，写了篇文章，投稿给林语堂主编的《论语》杂志，后来以“生男与育女”为题发表，这是苏青发表的第一篇文章：

不信请到“社会大舞台”上去观察一下：若有二个妯娌，一有四子而另一生四女，其公婆之待遇如何？丈夫的心情如何？亲友之态度又是如何？若同为一新寡的孀妇，有子者与无子者所受区别如何？——

社会估定了女子的价值：“赔钱货！”

身为赔钱货而居然又产小赔钱货，其罪在不赦也明矣！阵痛，腹压，九死一生，产时痛苦不能稍减，而当场开彩，一个哑爆竹！天乎？命乎？又怨谁？目光迟钝地凝视着众人的脸，一个个勉强的笑容掩不住失望的神情。

“好吧，先开花，后结子！”

"明年定生小弟弟！"

"先产姑娘倒可安心养大，女的总贱一些。"

"好清秀的娃娃，大来抱弟弟。"

"大小平安。我们明年待你生儿子时再来吃你的红蛋。哈，哈，哈……"邻居张四嫂，汪大婶子等挤挤眼一窝风去了。室中只余下产妇的惨笑面容，婆婆的铁青脸色，仆妇的无聊神情，及婴儿的呱呱哭声。

字字犀利，调侃中带着满满的讽刺，隐藏在其中的是一个产妇饱含血泪的控诉。在苏青生下第二个女儿后，公公婆婆一家对她的讽刺挖苦更多，苏青在水深火热中煎熬。后来她跟随丈夫李钦后到了上海，虽然逃离了公婆的束缚，但生活依然痛苦——李钦后一直有外遇，更加令人烦恼的是，他们缺钱，柴米油盐酱醋茶，处处需要金钱，夫妻俩常为经济问题争吵。苏青每天面对着两个嗷嗷待哺的女儿，为钱而头疼，有一次她和李钦后吵架时，李钦后扬手打了苏青一个耳光，喊道："你也是知识分子，可以自己去赚钱啊！"

苏青忍无可忍，开始四处求职，后来找到了适合自己的职业——写文章赚取稿费，在《论语》上陆续发表了《我的女友们》等文章，其通俗易懂、爽朗机智的文风受到了广大读者欢迎。与此同时，苏青和李钦后的婚姻裂痕越来越大，最终无可弥补，两人离婚。1943年，苏青以自己十年婚姻经历为蓝本的小说《结婚十年》开始在《风雨谈》上连载，这本小说写出了许多已婚妇女面对的家庭问题和社会问题，引起了非常多的共鸣，一共印了三十六版，苏青成为当时的畅销书作家。

苏青在《结婚十年》里借主人公之口，道出了这段婚姻对她的影响：

真的，一个女子到了无可作为的时候，便会小心眼儿起来了。记得我初进大学的时候，穿着淡绿绸衫子，下系同颜色的短裙，风吹过来飘舞着像密密层层柳条儿起的浪，觉得全世界就只有我一个人耀眼：我像娇艳的牡丹，而众人便再好些也不过同绿叶般替我点缀或衬托一番罢了。但是现在呢？他，我的丈夫，却不许我向上。

虽然苏青摆脱了婚姻的羁绊，然而好景不长，1945年抗日战争结束后，苏青因为与汉奸陈公博关系密切，被指控为“汉奸文人”。

1946年，陈公博被捕，被执行枪决。同时，在新的社会形势下，像苏青这样写家长里短题材的作家是不被欢迎的，苏青陷入了苦闷穷困之中。

在戏剧家夏衍的帮助下，苏青进入了上海文化局戏剧编导学习班学习，毕业后被分配到芳华越剧团工作，改编了郭沫若的《屈原》，这部剧在1954年5月演出后受到欢迎，获得了很多奖项，但苏青由于曾经与陈公博等人的关系问题没能获奖。后来苏青负责编剧的《宝玉与黛玉》在北京和上海连续上演了三百多场，创下了剧团演出的最高纪录。继20世纪40年代《结婚十年》之后，苏青又一次迎来了事业高峰期。

1982年12月7日，苏青走到了人生的尽头，在临终时，她很想再看一看自己的小说《结婚十年》，但可惜无法看到，最后只能遗憾地闭上了眼睛。

在苏青去世十年左右之后，随着张爱玲的重新走红，“苏青”这个名字也重新被人想起，她的作品《结婚十年》《浣锦集》被再度出版，她的名字走进了文学史，得到了应有的位置。

孤傲的张爱玲曾经说：“低估了苏青的价值，就是低估了现在的文化水准。如果必须把女作者特别分作一栏来评论的话，那么，把我同冰心、白薇她们来比较，我实在不能引以为荣，只有和苏青相提并论是我甘心情愿的。”能让张爱玲愿意与之相提并论，苏青的性情和才华可见一斑。

张爱玲与苏青之间的友谊也广为传颂。在苏青办《天地》杂志的时候，向已经成名的张爱玲约稿，请张爱玲看在同为女性的情分上给《天地》写篇稿子。张爱玲欣赏苏青爽快利落的性格，于是给苏青寄了篇小说《封锁》，两人交谈十分投契，对彼此的才华惺惺相惜。在一次上海女作家座谈会上，主持人问苏青哪一位女作家作品最好，当着许多女作家的面，苏青直截了当地说：“女作家的作品我从来不看，只看张爱玲的文章。”主持人又问张爱玲最喜欢哪一位女作家的作品，张爱玲也同样不顾忌别人的眼光，说：“近代的最喜欢的只有苏青。”其他女作家听后很愤怒，散会后不理她们俩，张爱玲和苏青却旁若无人，继续谈笑风生，后世读者能够在这个故事中领会到两个人的真性情和对彼此的欣赏。

苏青，这个在红尘烟火中绽放的女子，体验着世俗生活的酸甜苦辣，懂得柴米油盐的艰辛，聪敏机警地将自己对生活的感悟诉之于文字。她直爽地诠释生命的喜怒悲欢，成为现代文坛中的一位独树一帜的女作家。

第二十章

张爱玲：原来你也在这里

1944年9月，张爱玲的短篇小说集《传奇》出版，四天后即再版，成为现代文坛的一个传奇，张爱玲的经历和才情本身也是一个传奇，可以与林徽因相媲美。

张爱玲原本的名字叫作张煐，1920年出生在上海的一个日渐没落的贵族家庭。祖父张佩伦是晚清名臣，曾任翰林院侍讲，是袁世凯赞赏的“三个半翰林”之一。祖母李菊耦是晚清重要政治人物李鸿章的女儿，嫁给张佩伦后生下了一子一女，儿子张志沂便是张爱玲的父亲，女儿张茂渊是张爱玲的姑姑，对张爱玲影响颇深。

张爱玲的母亲黄素琼是长江水师提督的孙女，与张志沂门当户对，可是这桩婚姻却并不幸福。张志沂浑身散发着前清遗老的气息，吸食鸦片，花天酒地，过着颓废的生活。黄素琼生下女儿张爱玲和儿子张子静后，受过新文化洗礼的她实在无法忍受日渐堕落的丈夫，两人不停地争吵。张爱玲四岁时，母亲黄素琼赴英国留学，在张爱玲八岁时黄素琼和张志沂彻底离婚。父母婚姻的破裂，给张爱玲留下了挥之不去的阴影，她的作品中弥漫着的苍凉基调和家庭状况有着分不开的联系。

我把世界强行分作两半，光明与黑暗，善与恶，神与魔。属于我父亲这一边的必定是不好的，虽然有时候我也喜欢。我喜欢鸦片的云雾，雾一样的阳光，屋里乱摊着小报（直到现在，大叠的小报仍然给我一种回家的感觉），看着小报，和我父亲谈谈亲戚间的笑话——我知道他是寂寞的，在寂寞的时候他喜欢我。父亲的房间里永远是下午，在那里坐久了便觉得沉下去，沉下去。

——《私语》

多年以后，张爱玲在文章中这样回忆起童年时父亲的房间，张志沂虽然有着不良的嗜好，但很喜欢读书，书房中既有中国古典文学，也有西方小说，张爱玲闲来无事时便在张志沂的书房里看书，偶尔也和父亲交流些读书感想。张志沂欣赏女儿初初展露的才华，鼓励她作诗作文，也请来私塾先生教张爱玲，在八岁时张爱玲开始写小说《快乐村》练笔，十岁时进入黄氏小学读六年级，十一岁入读上海圣玛利亚女校，十二岁时在校刊发表第一篇小说《不幸的她》，十三岁发表第一篇散文《迟暮》，这个天资聪颖的少女有着自己的"天才梦"。

继母的到来给张爱玲的心灵带来了新的打击。1934年，在张爱玲十四岁那年，张志沂娶了新的妻子，两人一同吸食鸦片。两年后，母亲黄素琼回到上海，在容光焕发的母亲身上，张爱玲看到了一种崭新的生活。张爱玲希望离开家，出国留学，张志沂听后勃然大怒，觉得她像她的生母一样不听话，后来因为张爱玲和继母发生了口角，她被张志沂禁闭在一个空房间里。期间张爱玲生了重病，父亲没有为她请医生，也没有给她药，这让她感到无比绝望。终于，1938年年初，张爱玲在身体稍微有起色时，偷偷地逃出了家门，奔往母亲家中。

身体好转后，在母亲和姑姑的支持下，张爱玲参加了伦敦大学远东区的入学考试，获得了第一名，但是因为那时日本侵华战争已经全面爆发，于是张爱玲到香港大学读文科，认识了终生挚友炎樱，“炎樱”是张爱玲为这个混血朋友取的名字，因为她像夏日里灿烂的樱花一样，有着一颗赤子之心，让她感到亲切温暖。张爱玲专门写过一篇《炎樱语录》，记录炎樱的一些趣谈：“炎樱在报摊上翻阅画报，统统翻遍之后，一本也没买。报贩讽刺地说：‘谢谢你。’炎樱答道：‘不要客气。’”寥寥几笔，炎樱直爽聪慧的性格跃然纸上，趣味盎然。

由于香港在战争中沦陷，张爱玲和炎樱返回上海，她和姑姑张茂渊住在一幢公寓里，写作生涯自此展开。起初，她在报纸上发表影评、剧评和一些散文，后来认识了《紫罗兰》月刊的主编周瘦鹃，陆续发表了小说《沉香屑·第一炉香》《沉香屑·第二炉香》，以新颖独特的个人风格引起了文坛的关注，后来又发表了《茉莉香片》《倾城之恋》，仿佛一颗耀眼的彗星扫过文坛，令人惊艳。1944年，二十四岁的张爱玲出版短篇小说集《传奇》

和散文集《流言》，这两本书奠定了她在当时文坛的地位，至今仍然不可动摇。

风停了下来，像三条灰色的龙，蟠在墙头，月光中闪着银鳞。她仿佛做梦似的，又来到墙根下，迎面来了柳原，她终于遇见了柳原……在这动荡的世界里，钱财、地产、天长地久的一切，全不可靠了。靠得住的只有她腔子里的这口气，还有睡在她身边的这个人。她突然爬到柳原身边，隔着他的棉被，拥抱着他。他从被窝里伸出手来握住她的手。他们把彼此看得透明透亮。仅仅是一刹那的彻底的谅解，然而这一刹那够他们在一起和谐地活个十年八年。

他不过是一个自私的男子，她不过是一个自私的女人。在这兵荒马乱的时代，个人主义者是无处容身的，可是总有地方容得下一对平凡的夫妻。

——《倾城之恋》

《倾城之恋》中的白流苏和范柳原本来只是逢场作戏的红尘男女，她看中他的钱财和地位，他看中她的容貌和温柔，两个人对彼此怀着戒心，在香港开始了一段厮守的岁月，谁知刚好遇到战争爆发，在生死瞬间相依为命，于是生出了几分真情，最终结为夫妻，“仅仅是一刹那的彻底的谅解，然而这一刹那够他们在一起和谐地活个十年八年”。然而张爱玲是现实的，犀利的，虽然白流苏和范柳原结了婚，却并不像才子佳人小说那样是个圆满的结局，结婚后两个人并不会因此变为圣人，人生漫长，有数不清的琐事等着他们。张爱玲没有再继续写下去，聪明地用一句暗示将一切戛然而止。

张爱玲用一支妙笔描摹了许多个男女情爱故事，那时她自己尚未谈过恋爱，凭借聪慧敏感的心，她能够将别人的爱情看得如此透彻，却看不透自己的爱情之路。

1943年，张爱玲陪着好朋友苏青为入狱的胡兰成奔走，胡兰成是汪精卫政府宣传部政务次长，可惜跟随汪精卫为日本人服务。胡兰成读了张爱玲的小说《封锁》后，特别欣赏张爱玲的才情，专门去张爱玲家拜访，两人长谈了五个小时。胡兰成容貌英俊，才华横溢，谈吐优雅，令张爱玲怦然心动，她写过一句话：“她见了他，头变得低低的，低到尘埃里，但她的心里是欢喜的，从尘埃里开出花来。”

爱情从她的笔尖溢出来，浸入洁白的纸张，变成许多动人心弦的句子：

于千万人之中遇见你所遇见的人，于千万年之中，时间的无涯的荒野里，没有早一步，也没有晚一步，刚巧赶上了，那也没有别的话可说，惟有轻轻地问一声："噢，你也在这里吗？"

——《爱》

张爱玲和胡兰成的爱情故事，曾经非常浪漫动听——两个人一见钟情，虽然年龄相差较大，胡兰成当时三十八岁，张爱玲二十四岁，但仍然不能遏制相互仰慕的爱情生根发芽。几个月后，胡兰成和第二任妻子离婚，1944年，在炎樱的见证下和张爱玲结婚。他们的婚书温情脉脉："胡兰成张爱玲签订终身，结为夫妇，愿使岁月静好，现世安稳。"最后这十个字，轻声读着，人的心中便温暖起来，唇齿生香。

故事的开始是美好的，结局却令人惋惜。胡兰成生性风流，并不能对张爱玲情有独钟，没过多久便在医院认识了一个姓周的护士，开始了同居生活。1945年日本正式投降后，曾经为日本人效力的胡兰成沦为人人喊打的过街老鼠，四处流亡。张爱玲从上海到温州，找到胡兰成时，胡兰成身边又有一个姓范的女人陪伴，让她的心渐渐寒了下来。

1947年，张爱玲心灰意冷地给胡兰成写了一封绝交信："我已经不喜欢你了，你是早已不喜欢我了。这次的决心，我是经过一年半的长时间考虑的……你不要来寻我，即或写信来，我亦是不看的了。”爱时竭尽心力地去爱，断时斩钉截铁地断，张爱玲的爱和恨都如此干脆利落，毫不拖泥带水，与胡兰成就此了断了关系。

时光如白驹过隙，感情也如此，过去了便再也回不来，但张爱玲的才华依然在绽放，1950年她开始连载长篇小说《十八春》：女主角顾曼桢与男主角沈世钧倾心相爱，曼桢的姐姐曼璐曾经为了全家人的生计去做舞女，后来嫁给了暴发户祝鸿才，却发现自己不能生育，为了留住丈夫祝鸿才，曼璐设计让祝鸿才强奸了曼桢，希望通过借腹生子来巩固自己的地位，曼桢和世钧因此劳燕分飞，多年后重逢，两人相对凝噎，只能凄伤地感叹一句：“世钧，我们回不去了。”后来张爱玲将《十八春》改名为《半生缘》，半生匆匆，恍如一梦。

那时候一直想着有朝一日见到世钧，要把这些事情全告诉他，也曾经屡次在梦中告诉他过，做到那样的梦，每回都是哭醒了的，醒来还是呜呜咽咽地流眼泪。现在她真的在这儿讲给他听了，却是用最平淡的口吻，因为已经是那么些年前的事了。

张爱玲的小说，语调中一直带着独特的苍凉惆怅。她敏锐地捕捉到人的七情六欲，并精细地描绘出来，对人的深层次意识进行清醒的剖析。她的文字精巧灵动，“因为懂得，所以慈悲”，戳中众多读者的心，在20世纪40年代的上海虽然只是惊鸿一现，光彩却足以照亮现代文坛。

1952年，她拿着香港大学复学证明前往香港，开始从事一些文学翻译工作，在艺术水准上已不如从前。

1955年，张爱玲乘坐游轮到达美国，在美国得到了一个写作基金会的资助，专门从事写作。不久后认识了她的第二任丈夫——美国戏剧作家赖雅先生。这又是一段年龄相差悬殊的恋情，当时张爱玲三十六岁，赖雅六十五岁，两人志趣相投，半年后结婚。但赖雅身体不太好，十一年后病逝。

张爱玲在晚年仍然著述颇丰，她翻译了《海上花列传》，出版了《红楼梦》评论集，发表了小说《色，戒》《同学少年都不贱》等，1994年出版了最后一部散文集《对照记》。1995年中秋节之夜，张爱玲在洛杉矶的公寓里孤单地离开了这个她描绘了千百遍的人世，直到一周后才被房东发现。生前好友为她举行了追悼会，按照她的遗嘱，骨灰被撒入了太平洋，漂散到世界各地，不留痕迹……

海外汉学家夏志清先生认为张爱玲是“今日中国最优秀最重要的作家”，认为张爱玲的《金锁记》是“中国从古以来最伟大的中篇小说”。20世纪90年代，张爱玲的作品重新回到了国内读者的视线范围中，她的小说被改编成电影、电视剧陆续上映，越来越多的“张迷”对张爱玲的作品如数家珍，她成为一道独特的风景，吸引人们去仔细观摩欣赏。

“生命是一袭华美的旗袍，上面爬满了虱子。”张爱玲自身的故事和她笔下的故事一样精彩跌宕，她用一个美丽苍凉的手势，勾画出一段段红尘男女的爱恨悲欢。